文物

历史教学中的重要资源

程张 著

华文出版社
SINO-CULTURE PRESS

图书在版编目（CIP）数据

文物：历史教学中的重要资源/程张著. -- 北京：华文出版社，2020.11
ISBN 978-7-5075-5359-8

Ⅰ.①文… Ⅱ.①程… Ⅲ.①中学历史课—教学研究—中学 Ⅳ.① G633.512

中国版本图书馆 CIP 数据核字（2020）第 193890 号

文物：历史教学中的重要资源

著　　者：	程　张
策　　划：	刘超平
责任编辑：	寇　宁
出版发行：	华文出版社
地　　址：	北京市西城区广外大街 305 号 8 区 2 号楼
邮政编码：	100055
网　　址：	http://www.hwcbs.com.cn
投稿信箱：	hwcbs@126.com
电　　话：	总编室 010-58336239　责任编辑 010-58336195 发行部 010-58336267
经　　销：	新华书店
印　　刷：	三河市燕春印务有限公司
开　　本：	710mm × 1000mm　1/16
印　　张：	14.75
字　　数：	200 千字
版　　次：	2020 年 11 月第 1 版
印　　次：	2020 年 11 月第 1 次印刷
标准书号：	ISBN 978-7-5075-5359-8
定　　价：	42.00 元

版权所有，侵权必究

前　言

露脸与现眼，只有一步之遥。写书尤其如此。

我内心中的焦虑与职业上的压力合二为一，给了我敢于提笔写这本书的动力。

20多年前，我有幸被北京教育学院历史系主任朱筱新教授延聘任教，知遇之恩，终身萦怀。北京教育学院历史系开设由赵恒烈先生开创的历史教育学研究领域的课程，此领域在历史教学界有着一定影响；系主任朱教授天资既好，治学勤苦，又兼家学绵长，在中国古代史的治学上，颇为用力。他早年插队西北，在艰苦生活中仍治学不辍，后来考入北京师范大学历史系，毕业后在宁夏大学、北京教育学院任教。他专攻中国古代史，尤其致力于文物教学研究，陆续出版了《中国古代的礼仪制度》《文物与历史》等专著，影响很大。他的教学深受学员的喜爱。自我进入历史系，朱老师一直对我谆谆教导，要求我把中学历史教材"滚"三到五遍，并要求我长期深入一线教学实践，思考文物与历史教学的关系及文物的教学运用。

2015年，我们计划以历史教材为线索，争取使每一节课都有一个典型文物可供展示，使文物成为教学中的重要支撑材料，增强教学的趣味性。

孰料工作开展不久，2016年1月，噩耗惊传，朱筱新教授溘然长逝，享年69岁。"《金史》地名研究""长城研究""浙江茶文化研究"，朱教授交给我的任务还在案头，我却再也不能见到这位屡屡对我言辞切责、殷殷期望的先生了。我一时间百感交集，愧悔之心，如春园之草。何时能完成先生的遗愿，告慰先生的英灵？这种感觉伴随了我很久。此为我内心焦虑的原因。

工作中面临的一些困难给我的压力也不小。

我在北京教育学院历史系长期从事中学历史教师培训工作，转眼已经

20余年。我比较重视史料在中学历史教学中的价值与运用，曾经以此为题目讲过不少次。听课教师们私下与我交流，也多涉及此方面内容。我2005年在北京市中小学教师继续教育网上挂过"史料在中学历史教学中的运用策略"一课，获得平台的重点推介。在文字史料、文物史料的介绍与研习中，广大教师对史料的重要价值都很肯定。在实践中，我既体会到广大一线教师工作的不易，又感到他们在教学教研需求中对历史史料中文物史料相关知识的需求尤为迫切。

2011年版的《义务教育历史课程标准》明确规定："3.了解多种历史呈现方式，包括文献材料、图片、图表、实物、遗址、遗迹、影像、口述以及历史文学作品等，提高历史的阅读能力和观察能力，形成符合当时历史条件的一定的历史情景想象。4.初步学会从多种渠道获取历史信息，了解以历史材料为依据来解释历史的重要性；初步形成重证据的历史意识和处理历史信息的能力，逐步提高对历史的理解能力，初步学会分析和解决历史问题。"

这些规定传递的信息扩展了中学历史教学中使用史料的范围，许多以前不能在历史教学中运用的史料，现在都可以拿来为学生营造对历史情景的想象服务，其中就包括文物。虽然现在的历史教科书里已经有大量的图片和文字材料对历史进程中的重要文物进行了解释，但是在教师如何运用文物史料方面仍然有很多工作需要做。应加大这方面的培训力度，让教师喜欢用文物教学、善于用文物教学，让历史学科教学变得更加丰富、有趣。

这是我作为一个历史教师培训者的职业责任，我必须尽力完成！

当然，对于这本书的写作任务来说，有创作热情不等于能创作出好书。要想很好地实现这本书的创作初衷，我需要在内容与结构上好好下一些功夫，竭尽全力。

我的家人在生活中给予了我最大限度的支持，这是我勇于尝试的坚实后盾。北京教育学院的领导和华文出版社的编辑老师为本书的出版提供了机会，衷心地感谢大家！

程　张
2017年6月

目录 | Contents

上编　文物教学运用

003　第一章　文物在教学中的应用价值
003　　一、文物与历史研究的关系
009　　二、文物在历史教学中的现状
012　　三、文物在历史教学中的价值

015　第二章　将文物应用于教学前的准备
015　　一、准备成为使用文物教学的教师
018　　二、了解中国文物分布、保存概况
026　　三、多渠道获得文物资源

029　第三章　将文物应用于教学的尝试与探讨
029　　一、在历史教学中应用文物的三个步骤
036　　二、在教学中应用文物的四个策略

下编　教学文物十例

048　第四章　玉龙——史前文化多元一体的写照
048　　一、文物介绍
054　　二、教学运用

060　第五章　鹰形陶鼎——深度探寻早期文化交流
060　一、文物介绍
066　二、教学运用

072　第六章　鄂君启节——战国时期经济发展的见证
072　一、文物介绍
077　二、教学运用

082　第七章　长信宫灯——秦汉文化发展的产物
082　一、文物介绍
092　二、教学运用

102　第八章　尹湾简牍——秦汉社会发展的佐证
102　一、文物介绍
109　二、教学运用

113　第九章　击鼓说唱陶俑——汉代社会风貌的缩影
113　一、文物介绍
119　二、教学运用

127　第十章　马踏飞燕——丝绸之路上的风情
127　一、文物介绍
135　二、教学运用

143　第十一章　《竹林七贤与荣启期》画像砖图——魏晋风度的真相
143　一、文物介绍
155　二、教学运用

164	第十二章　秘色瓷盘——唐代兴衰的见证
164	一、文物介绍
177	二、教学运用
186	第十三章　钱镠铁券——藩镇割据的产物
186	一、文物介绍
194	二、教学运用
203	附录
217	参考文献
221	后记
222	补记

上编 文物教学运用

一节什么样的历史课才算是好课？因为评价的角度不同，当前有很多说法。归根到底，在一节课的教学中，教师能够完成教学大纲和教案中预定的教学任务；学生在学习中，对于历史学科知识上有所得、方法上有所明、素质上有所长；这应该就是一节好课。大家习惯说："普通的教师教知识，好的教师教方法，优秀的教师教思想。"这个说法不是说优秀的教师只讲思想内容，而不讲知识和方法。优秀的教师，应该是在讲授知识与方法的同时，更加注重思想的教育，突出学科思想的影响力，培养学生的学科核心素养。

历史学科教育的目的，无论是过去还是现在，都强调两点：一、深入理解和掌握历史概念和主体知识，形成清晰的、纵横交错的网状知识体系；二、用正确的史观评判事物，学生应有意识提升学科能力和学科素养，在教师的指导下养成以史为据、论从史出的思维，并掌握相应的方法，同时能够借鉴历史知识，去解决个人和社会上的实际问题，也就是做到以古鉴今、经世致用。

这种要求的实现，对历史教师的挑战之大可以想见。笔者以为，历史知识与历史能力有一个交叉点，那就是历代文物。历代文物是一定历史时期内人类社会活动的产物，每个都具有时代的特点。文物都具有历史价值，不同类别的文物从不同的侧面分别反映了当时社会的生产力、生产关系、经济基础、上层建筑以及社会生活和自然环境的状况。各种类别文物产生、发展和变化的过程，反映了社会的变革、科学技术的进步、人们物质生活和精神生活的发展变化。总的来说，文物是帮助人们认识和恢复历史本来面貌的重要依据，对文物的认知与感悟也能够转化为历史知识。这是从微观的角度看待历史的能力，使人可以具体而微、小中见大，也可以窥一斑而知全豹。这种以历史的具象加深历史认识的方法可以极大地促进人们对历史知识的解读，帮助我们充分认知历史。

因此，历史教师在中学阶段的历史教育中，结合课标和教材，结合中学生的实际学情，有重点地推进学生对历史文物的认知能力的提高，促进课堂教学水平的提升，这一尝试很有价值，其经验值得推广。

第一章　文物在教学中的应用价值

一、文物与历史研究的关系

1922年，梁启超先生在他的著作《中国历史研究法》中，总结前人的成果，结合当时西方史学界的理论，提出了一种新的史学研究理论与方法。这本书中有很大的篇幅涉及"史料学"，并明确提出"史料"分为"文字史料"和"非文字史料"两大类，同时又将"非文字史料"界定为现存之实迹、传述之口碑和遗下之古物三种。同时，梁启超还在书中详细说明了"史料之收集与鉴别"的方法，为有志于史学者提供了入学门径。这本书在近代史学中第一次系统、全面地分析了"非文字史料"的概念和内容，时间虽然晚于王国维的二重证据法，但在内容上却更加体系化。那么这是不是意味着我国史学界对文物的研究是从此开始？其实也不尽然。

中国古代对文物的研究和记述也有很大的成就，这一点毋庸置疑。但是我国古代学者对文物的研究和记述，一直并非作为中国古代历史学的重要组成部分而存在，而是自成一体。这种现象是如何形成的？

首先，有历史研究者研究角度或研究方法的原因。中国古代的史学发展成绩卓著，但是古人对历史的学习或研究，主要是以史证史，没有文物证史的习惯。这是一个非常有趣的现象，与古代文物多为官府收藏，学者难得一见有很大关系。部分官僚、士大夫虽有私人文物收藏，却秘不示人，也阻碍了文物的利用。

官府和私人收藏的文物，在社会动荡，尤其是政权更迭之际，往往会遭到毁灭性的损失，这更加重了文物资源的利用困难。历史上从商代开始，就有破坏文物的行为。商纣王被周武王讨伐，当他彻底失败时，他便把商朝历代搜集的珍宝堆放在鹿台上，一把火将珍宝连同自己烧了个干净。秦始皇灭亡六国，将它们的所有珍宝器物都席卷一空，放在咸阳的宫殿里；收缴天下的武器，铸成十二个金人。项羽来了，秦宫被一把火烧光，珍宝也化为灰烬，据说金人后来被熔化铸成钱币。西汉末年，绿林、赤眉起义，攻占长安，一把火把长安烧成一片废墟，东汉政权只好跑到洛阳建都。北魏在洛阳建都，修建大量宫殿庙宇，后来分为东魏和西魏，在这之前把洛阳烧杀抢掠一空。北魏大臣杨衒之离乱后回到洛阳，已经认不出哪里是哪里。唐朝首都又设在长安，不到三百年的时间，被安禄山洗劫一次，被回纥洗劫一次，后来又被黄巢火烧一次。长安地区元气大伤，从此各代政权都不在此定都。

这些破坏还仅仅是记载下来的，没有记载下来的，那有多少！

比如自西汉开始，历代都采用熔器造币的方法，以补钱币流通的不足。五代柴荣（周世宗）曾下诏要求全国境内"悉毁天下铜佛像以铸钱"，他要求"民间铜器、佛像五十日内，悉令输官，给其直；过期隐匿不输，五斤以上其罪死"。明崇祯帝将内府库藏历代铜器，全数发给宝源局熔铸钱币，以充军饷。清代以节俭著称的道光帝，还把内廷保存（含皇室历代旧藏）的各种铜器毁去铸钱。抗战时期，侵华日军在占领区强迫百姓"献铜献铁"，规模极大，而且毫无底线，民间铜器被搜刮一空、毁于一旦。甚至在文化昌明的当代，也发生过毁坏铜器的事。到如今，历史上原本数量众多的青铜器物已经极少了。文物资源的破坏，自然导致学者可研究和利用的资料比较少。

其次，我国古代的文物学研究自成一体，与历史研究若即若离，虽然成果蔚为大观，但是并不为世人所熟知，真正称得上"养在深闺人未识"。

文物的研究在中国早已有之，可以追溯到很久以前，只不过当时文物是作为"古董"而被研究的。古董，相比文物，内涵要小得多，甚至先前还多集中在金银珠宝、玉器青铜等狭窄门类中。例如，古人盗掘的墓葬，或是因为自然灾害发生土石崩塌、现出墓穴的墓葬里，瓦器、纸册、竹简基本上无人问津，它们被弃之不取、散落遍地的记载屡见不鲜。晋代有个叫"不准"的人，盗发战国时期的魏王墓，竟将今人视为比金银玉器还要珍贵许多的"竹书"当作火把来燃烧照明，以便去寻找金银珠玉。这件事堪为典型的例子之一,让后人扼腕叹息。

对古董的研究后来又比较集中在青铜器和玉器研究上,人们开始从工艺美术和古文字研究的角度看待文物。可以说,从这个时候开始,中国古代学者对于文物的史料价值有了一些关注。这种风气最早出现于宋代,如宋代金石之学的兴起,欧阳修、宋徽宗、赵明诚、李清照等与有力焉,宋徽宗还召集学者出版了《宣和博古图录》等一批专业书籍。

《宣和博古图录》由北宋时期学者王黼受命于宋徽宗而搜集编纂,收录了宋代皇室在宣和殿(相当于今天的国家博物馆)收藏的自商代至唐代的青铜器近900件。该书按器形与用途,将青铜器分为鼎、尊、罍、彝、舟、卣、瓶、壶、爵、觯、敦、簠、簋、鬲、鍑及盘、匜、钟、磬、錞于、杂器、镜鉴等,定名非常精确,后世学者也一直使用这些称呼。王黼还很有前瞻性地将各种器物按时代先后编排,共分成20类。从某种意义上说,其体系类似今天完备的考古学、文物学的学科体系。《宣和博古图录》一书图文并茂,对每类器物都有总说,每件器物都有摹绘图、铭文拓片及对文字的释读;并有对器名、铭文所做的详尽解释和很专业的历史考证。同时书中还不厌其烦地记有器物尺寸、重量或容量,有些甚至还附记出土地点、器物的基本颜色和发现者或是收藏者的姓名。林林总总,非常翔实。

《宣和博古图录》中这些考证内容,是当时众多优秀学者研究出来的。尽管其研究方法今天已经不能一一详知,但是想来必然存在一种方法,是拿实物与历史记载的知识相对比、相参照。这种做法不正属于今日文物学、考古学的研究方法吗?后代如果能够继承、延续这种研究传统,我们古代的考古学,可能就会像史学研究一样光芒万丈。

元代与明代在这方面的成就乏善可陈。清代统治者大力推行文化高压政策,大兴"文字狱",逼迫很多学者钻进故纸堆搞研究,一时间,学术界复古主义严重。众多学者在古书辨伪考证中下足了气力,文字学成果斐然。段玉裁的《说文解字注》吸引了很多学者研究古代器物上的文字,促进了古代文物研究的发展。同时,康雍乾三世承平日久,尤其是乾隆皇帝,特别喜欢古代器物,上行下效,统治者喜好古董文玩,社会上古玩消费市场火爆。二者双管

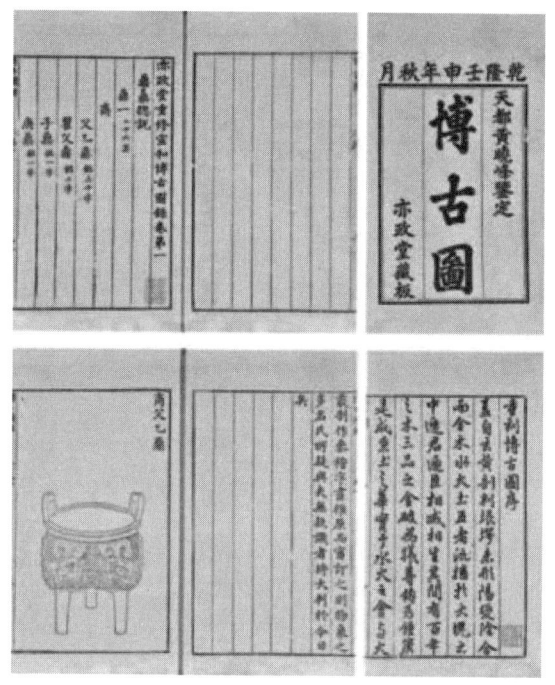

图1-1　清代亦政堂重修《宣和博古图录》书影

齐下,也大大促进了古器物学的研究进展。乾隆时期的《西清古鉴》洋洋洒洒40卷,还有附录《钱录》16卷。全书42册,形制仿照《宣和博古图录》而作,图文并茂。其内容涵盖清代皇室收藏的商、周、汉、唐、宋、明以来青铜器1529件之多,成为当时的集大成者。后来又有《西清续鉴甲编》、《西清续鉴乙编》和《宁寿鉴古》等同类型的大书问世,影响不小。一时间,清中期的古代器物学研究很是热闹,出现了一大批精通文物鉴定的当铺"朝奉"(即相当于今日文物拍卖会上的鉴定师兼估价员),也开启了中国古文字学——甲骨文字学的大门。

清朝后期王懿荣、刘鹗等研究甲骨文,其来有自,不再赘述。他们虽然在事实上开始"考古",但是对"文物"的概念尚缺乏细查深思。1903年,刘鹗出版了我国第一部甲骨文著录书《铁云藏龟》,对一千多片龟甲牛骨上的刻画符号进行了释读和考订,此书一出,在历史研究领域起了一定的引领作用。不经意间,中国又开始出现北宋时期"精研器物之理"的学术风气。

再次，在清代文物研究的基础上，一些学者发现了文物对古代典籍的印证价值。在清代中后期，在文物研究领域中，出现了一些与近现代史学研究观念类似的观点。清代浙江学者章学诚的观点堪为代表。章学诚（1738—1801），字实斋，号少岩，会稽（今浙江绍兴）人，撰写了《文史通义》《校雠通义》《史籍考》等论著几十部，总结、发展了中国古代史学理论，对后世产生了深远影响。其《文史通义》与唐代刘知幾的《史通》齐名，被并称为中国古代史学理论的"双璧"。章学诚在《文史通义》中提出"六经皆史"的观点，甚至说出"盈天地间，凡涉著作之林，皆是史学"这一在当时堪称惊世骇俗的观点。要知道，他所论述的很多可以作为史学参考的内容，是被当时的学者视为"荒诞不经""风马牛不相及"的东西。他实际上把很多过去学科壁垒下老死不相往来的学科内容纳入历史研究的范畴，甚至有把一切学科都纳入历史学科考量的格局。

到了中国近代，随着西方文化的传入，我国开始有了真正意义上的文物考古研究。这里首推王国维、梁启超等学者。

西方在政治、经济上侵略中国后，很多西方的科学技术也跟着传入中国。而清末又有部分文物出土，其中不乏重器，如大盂鼎、虢季子白盘等，也促使当时的历史研究者开始借鉴西方的考古学方法来解决中国的历史研究问题。

王国维学贯中西，提出"二重证据法"，在中国近代史学研究方法上第一次明确指出了文物的史料价值。所谓"二重证据法"，即将地下的材料与纸上的材料相比较以考证古史的真相。这种考证方法既继承了乾嘉学派的考据传统，又运用了西方实证主义的科学考证方法，使两者有机地结合起来，在古史研究上开辟了新的领域。梁启超《中国历史研究法》中的论述，则更加接近西方考古学思想。

事实上，从那时起，中国学者中研究历史者，其态度已然分化成两股态势，各成体系：一派仍祖述前代，在历史研究中以文献的梳理为主，兼及考古及文物诸学科新发现，并不参与考古发掘整理之过程；另一派则重立门户，以西式的学科划分和研究方法为途径，力求在考古发掘上有所突破，兼及历史研究中诸种学术的新成果，其发现往往能填补史学研究的空白。两者因为研究方法的不同，分成两个不同的学派。两派虽术业有专攻，却能互相借鉴、互相印证，相得益彰。近代以来，中国历史研究有着许多重大的进展，其中考古学与文物学的突飞猛进贡献很大。诸如河南殷墟考古发掘、河北满城汉墓发掘、陕西扶风法门寺地宫发掘等重大考古发现，都具有填补历史研究空白、校正历史记载错误的重大价值。

但是，王国维提出这种方法距今也不过百年。其与几千年的中国历史研究对照，应用历史还是略显短暂，影响传播还有待时日。很多文物的史料价值还有一定争议，利用起来不是很顺畅。再加上史学典籍浩繁，很多学者以一生精力专攻史学典籍一个门类都尚且不能穷尽其中奥秘，也就很难有精力再兼顾其他，这些因素造成很长时间内一些学者在一定范围内对文物研究有所忽略。

从20世纪80年代起，我国历史学界普遍开始重视社会史、文化史等方面的研究，研究者对于文物的研究和对研究成果的运用，无论是数量还是质量上，都提高了很多。文物研究与研究成果运用的结合更加紧密。近期，中国社会上更是掀起文物收藏的热潮，对文物的研究已经到了"无贵无贱、无长无少"都参与的程度，好不热闹。对于我们基础教育领域而言，其影响也很明显：教材中文物的插图越来越多，解释也越来越细。当然在历史学研究这个严肃的领域内，文物研究目前依靠的还是西方考古学及文物学的理论，现在看来，这些理论也不见得比王国维、李济（田野考古的先驱者）等人的理论高明或先进。但是这个方面尚需中国历史学者做更多的努力，等到有一天，学术界盼望的以文物说历史的著作成系统地大量涌现，史学研究必将迎来重大突破。

总之，纵观文物在史学研究中的作用彰显，其总体的趋势是：文物的知识，在历史研究者眼中的作用越来越重要；文物研究与利用，在历史学领域也越来越多！

二、文物在历史教学中的现状

文物的作用在历史研究者心中一天天地重要起来，可是为什么我们的中学历史教育还是显得不太重视文物的教学运用呢？笔者认为主要原因在于目前的中学历史教师绝大多数没有接受过专门系统的文物学知识教育，就算是教材中文物学的知识内容有所增加，他们也感到驾驭不了，无法将这种转变真正落实。

造成中学历史教师驾驭不了文物学知识这种现象的原因有很多。其中之一是教师培养过程存在问题。目前，学科教育体系基本上将历史学科知识分为历史知识、文物知识这两块，或者说文物知识和历史知识是两个系统的知识。而在一般的师范类学校历史学科教育中，文物知识所占的比重较低。其结果就是很多本科毕业的师范生对中国历史上的文物知之不多。笔者还记得二十多年前念大学时的情况，很多同学曾经表示将来要做历史教师的话，把教材上的历史事实搞清楚、弄熟悉就行了，至于文物，七零八碎的，不成体系，没有什么教学价值。当时持这种想法的同学还为数不少。

这种现象导致历史课堂中，无论是教材中的文物资料还是课外的文物知识，都很少有教师主动讲授。历史课堂中的文物教学运用案例也不太多，愿意在这方面下功夫的教师不多。

归纳起来，这表现为以下三种现象。

第一种，在教学设计上，中学历史教学重教材、文字、图表，轻文物介绍。大量历史教师的教学设计中基本上没有涉及教材中相关文物的部分。很多历史教师对于教材中、教参中的文物图片基本忽视，或者认为反正书上有介绍，学生自己看看就行了。

第二种，在教学过程中，不少历史教师不主动讲解文物方面的知识点，甚至在遇到学生感兴趣的文物知识时也不太重视。比如，讲到宋代瓷器的发展，课本上有官、哥、汝、定、钧"五大名窑"的瓷器图片，很少有教师讲课的时候主动讲解这些图片展示的是什么瓷器、有什么特色，以致内容本来很精彩，课却上得索然无味。

第三种，面对学生有关文物的提问和咨询，不少中学历史教师不能很好地满足学生的要求，甚至无法准确辨识一些带年号的铜钱的基本年代，这反映出部分中学历史教师的文物知识素养还有待提升。这不是一两位教师身上出现的问题，而是一种普遍现象。很多学生会纳闷：历史老师怎么会不懂文物呢？就像一些学生感慨自己的语文老师怎么能不会写古诗一样。

笔者再以自己的工作见闻为例谈一谈个人感受，这些感受可能有一定的主观色彩，但是从中也可以一窥端倪。

笔者进入中学历史教育这一行当快30年了，就个人的感觉而言，文物教学至今还不是很受大家关注。但是有部分一线教师在工作中也主动探索了一些文物教学的方法，取得了一定的成效。

2000年前后，历史教育界重视一句话："史论结合，论从史出。"在这个理念引导下，许多教师在教学活动中特别重视史料的展示。大家往往挖空心思去找一些历史资料，诸如稀见的笔记、新出的史学争鸣案例等。但是让人遗憾的是，几乎没有教师设计用文物来证明历史事实的教学方案。我们最多也就是能看到某些教师拿一些文物做课堂教学的点缀，或者在课件的装饰上用一下。

那时我们在教学研究的时候也曾经尝试去探询为什么教师不在教学中使用文物。被问到的教师往往先是愣一下，然后不约而同地说："教材中没有这部分内容啊！"我们再问："没有这部分内容，我们为什么不自己去找一些，来加强课堂的教学效果呢？"这时候的回答五花八门：有的教师说工作太忙没时间；有的教师说手头没材料，不知上哪儿找；有的教师说不懂文物，不知道找什么样的材料；有的教师说不知道怎样在课堂上使用文物；有的教师觉得时间不够，怕增加文物知识讲解后完不成整体教学任务。总之，课堂上他们不用文物。

2007年，北京市有一堂典型的运用文物进行课堂讲授的课程给笔者留下了深刻的印象。课程名称是"北宋的社会经济"。授课教师将北宋的社会经济浓缩成农民阿牛去城里卖柴买油的一个故事，领着学生在《清明上河图》里游历。那时候还没有今天先进的多媒体教学设备，他的课件以一张放大的《清明上河图》为背景，里面一点一点地将阿牛的路线标绘出来：①阿牛进城;②阿牛吃早饭;③阿牛卖柴;④阿牛逛街;⑤阿牛买油;⑥阿牛回家。这个故事的讲授用时不到十分钟,效果很好。记得之后几年,只要和当时一起听过这节课的教师见面,大家总这么说:"北宋的社会经济,竟然用那么一张图就全给解决了!学生印象还挺深,简直太神奇了!"

笔者在北京之外也陆陆续续听过很多节历史课,结果和北京听课时的情形差不多,总体来看,就是很少看到有教师在教学中设计一定分量的文物讲授部分。

为什么文物走进教学的进展如此缓慢?是因为大家都不愿意接受这种教学方式,还是别有隐情?

笔者就自己的感受略做分析,发现其原因归结起来有三个方面。

首先,太强的专业性抬高了教师学习文物学知识的门槛,妨碍了文物学知识的课堂讲授与传播。当代各个学术领域内研究成果都很丰富,但是成果的专业性越来越强,外行人基本上看不懂。文物研究领域也一样,成果知识体系浩大、专业性强。乍一看,各种专业术语和细致入微的物体分析令人眼花缭乱,导致擅长说故事的历史教师们难分轻重、不辨西东。历史研究者、教育者即使认识到文物知识的重要性和文物知识在历史教学中的重要价值,想掌握它、运用它,也不是一件容易的事情。教师们觉得与其事倍功半,不如对它敬而远之。

有些教师也曾经做过尝试,在需要文物知识的时候大量查阅文物学方面的书刊资料,但是由于专业水平不够,在使用过程中出现了一些张冠李戴的错误,弄巧成拙。之后,提起文物教学他们就谈虎色变,不愿意再读文物专业书目,更不愿意研究、利用文物教学的方法。

其次,学者的文物研究成果很难直接转化为教师的教学资源。文物学者致力于深耕自己的学科领域,其成果与历史学研究有一定距离,很难直接运用。对于历史学研究者来说,文物的学科体系、学科知识自成一体,术业有专攻,在自己的学术研究中自然很少会提及。我们历史教师的课堂资源主要来自历史学研究的领域,所以这些历史学研究成果的具体情况,自然也会极大地影响历史教育者的信息收集、消化、迁移等。

不得不说，以前我国文物领域的知识普及工作做得不够好，显得不接地气。文物方面的著作或者考古发掘报告那种标准的解剖式文风，让外行人难以卒读。这种写法原本无可厚非，毕竟文物学研究是科学研究，严谨和规范也是行业的要求。关键是普及类作品不多，这妨碍文物学知识深入人心。好在现在有很多考古学者已经开始着手进行普及工作，如韩伟先生介绍法门寺地宫的著作和谭维四先生介绍曾侯乙墓的著作等。但是相对于社会需求而言还是显得太少。相比较而言，近些年在社会上风靡一时的盗墓小说反而给社会大众上了一堂"考古课"，但也间接导致考古和文物鉴定在一般人心中更加神秘，令人望而生畏。

最后，教师不能积极吸收文物研究成果并转化于教学中。文物工作者不知道中学历史教学的具体需求，没有办法去创作一线教学需要的文物教学作品，事出有因，情有可原。而一线历史教师不去积极寻找文物资源并转化成教学资源，就纯属自己的问题了。现在有很多文物研究的论文、专著，自己稍微用点心就能收获很多。比如宋代历史教学中的重要文物——《清明上河图》，目前已经有很多相关研究论文，涉及城市、交通、建筑、服饰、商业、体育等许多方面，而且每一个方面又分为很多小的门类，比如关于北宋商业发展，就有研究者从该图中出现的商标、店铺、算盘、幌子、菜单等细节上入手研究，撰写出很多文章，教师们只要专门抽出时间，就可以找到、学习。以目前我们教师的学历和水平，看懂这些文章，其实也不是很大的问题。只不过因为一时倦怠，就白白放着一个大宝库不用，岂不是很可惜！

总之，目前在历史教学界，文物的教学运用和课堂展示水平还处于初级阶段。教师们可以静下心来，仔细琢磨教材中的各个环节，如果先抓住一个典型文物，认真准备，在课堂上勇敢尝试一下，也许就会发现，文物走进课堂后会使大家的教学如虎添翼！

三、文物在历史教学中的价值

文物运用于中学历史教学中，究竟会起到怎样的作用，带来怎样的课堂变化呢？粗略地说有以下几点。

1. 对文物知识的学习和运用有利于培养学生的史料实证意识。历史教学要培养学生的历史意识，这是课标最基本的要求之一。什么是历史意识？有的学者认为"历史意识是将过去、现在以及将来之企望结合在一起的一种心灵活动"，而过去的历史记载与今天的历史学习之间，现存着一个沟通的渠道——文物，因此历史记载与历史文物的结合对历史意识的产生会起到很大的培养扶植作用。当教给学生"汉唐雄风"是什么时，如果能把教学内容和两朝的相关文物结合，这种认识岂不更加深入人心！

文物有助于学生把历史与现实结合起来，从历史中汲取智慧、预判未来。史料实证意识是历史意识的有机组成部分，培养学生历史意识的同时也是在培养学生的史料实证意识。文物是历史变迁中幸存下来的真实痕迹，它能最直接、形象地反映其所处时代的历史风貌，信息量非常大，是历史研究者沟通古今、营造历史氛围的利器，不可不认真对待。典型的时代文物遗存更是教学价值巨大，在教学中可以起到见微知著、画龙点睛的作用。

2. 文物教学有利于激发学生学习历史的兴趣。当前新课改仍在不断深入进行，但不可否认的是，在传统教学模式和升学压力的双重影响下，历史课的教学效果还不让人满意。长期的错误理解使得历史课被打上"死记硬背"的烙印，机械性的记忆和背诵使得学生对历史知识的学习仅仅成为考试的需要。难怪学生们表示，他们喜欢历史，但不喜欢历史课。随着教学改革的发展，提高学生的历史学习兴趣成为现在的历史教学界极为关注的一个命题。

精彩的文物知识教学可以改变学生学习历史的乏力态势。文物和其相关知识在教师的精心设计下，可以很好地丰富历史教学手段，增强历史课堂的趣味性，引发学生的学习兴趣。尤其是在今天强调学生自主学习的大环境下，文物可以很好地激发学生的学习欲望，帮助学生打开历史学习的大门。秦始皇统一六国后建立政治制度、统一度量衡、书同文、车同轨、统一货币，这些枯燥的内容，可以通过"秦诏版"这样一个小小的文物，变得立体、丰满，饶有兴味。笔者曾在一节课上，看到教师指导学生用硬纸壳和油画棒剪裁涂色，再用金色描摹诏书内容"廿六年皇帝尽并兼天下诸侯黔首大安立号为皇帝乃诏丞相状绾法度量则不壹歉疑者皆明壹之",然后根据学生制作的水平,授予他们"官职",如太尉、丞相、御史大夫,并让他们宣读、解释法令。整个课堂轻松、愉悦,教学任务很快完成,效果很好。当然,这节课中活动占用课堂时间较长,影响其他部分内容的学习,这位教师还需要在将来的教学设计中更加注重统筹兼顾,以便学生更好地消化吸收知识。

3. 文物教学有利于再现历史情境。历史知识的时空性特点,会导致学生在课堂学习中产生理解的隔膜。现在我们的历史课程要求已经上升到历史意识的高度,要求学生对于历史知识,不仅要学会、记住、理解,还要会复述、评价、判断。这种高度早已经不是传统教学所能达到的。它要求今天的教师要在教学中创设情境,尽量再现历史环境,即在教学活动中运用多种教学手段,包括多媒体创设情境、角色扮演、语言描绘、运用图片、运用实物模型等,将历史面貌尽量"复原",使久远的历史"重现"于学生面前,使学生如临其境、如闻其声,以此达到最佳教学效果。自然,在这些活动中,文物由于信息量大,尤其是具有生动、直观的特点,在营造历史氛围时作用明显。

文物教学必须要尊重历史,创设的历史情境必须最大限度地还原历史,让学生能够通过情境客观分析历史。如果所创设的历史情境不符合历史真实或者是虚构的,则不利于历史教学,还会给学生传播错误的信息。如果坚守住这条原则,当我们在教学过程中展示更多文物的时候,我们也就能再现更多的历史情境,文物数量的多寡将制约着再现历史情境的有效程度。这又给历史教师出了一道有关文物教学具体操作模式与策略的难题。

总之,文物在历史教学中的作用很大,它能帮助学生建起沟通历史认知和历史事实的桥梁,让学生直接触摸历史,以无尽的兴味吸引着学生,提高他们学习历史的兴趣。这样一种事半功倍的历史教学形式,我们一定要多加运用,让历史教学的课堂更加吸引学生!

第二章　将文物应用于教学前的准备

一、准备成为使用文物教学的教师

一位历史教师在中学历史教学中能够运用文物进行教学，这自然会对他的教学工作有很大的帮助。但是如何成为能够利用文物进行教学的教师呢？笔者以为必须满足以下三个条件。

首先，要喜爱文物和文物学知识。要想学会在教学中使用文物辅助教学，历史教师对文物及文物知识信息要有一定的爱好甚至是偏好，这样才能在文物教学中不惧艰难、不怕烦琐，学会欣赏与活用文物。这个条件说起来不算什么，但是真正去做也是有一定难度的。

文物不是人见人爱的时尚用品（时尚用品也做不到真的人见人爱），很多人不喜欢它。它大多数时候外表陈旧、装饰破烂、残缺不全，绝大部分还是从墓葬里出土的。这就已经足够让人望而生畏，何况还要了解它、学习它。

也许有教师说自己又不是做考古工作，不必在发掘第一线身临其境，只是学习文物背后的知识并运用于教学中，所以不用在乎文物的外表。这当然是正确的，我们历史教师只是去学习文物知识，并不用像文物工作者那样亲力亲为，我们看到的都是人家整理出来的知识和图片，不至于那么抵触。但是，如果没有这种喜好，我们到哪里去寻找了解文物知识、学习文物知识的动力呢？我们又怎么能与文物建立一种紧密的联系，在教学的时候做到将文物的知识运用到得心应手的程度呢？如果没有这种喜爱，我们怎样才能坚持在浩如烟海的资料面前坐下来、沉下心、看进去、记得牢？

所以，我们要树立热爱文物事业的决心。尽管我们不必像考古发掘一线的同志那样艰苦，但我们一样要有甘之如饴的热情，否则这项工作不知道是否能坚持下去，能坚持多久。

记得法门寺地宫发掘时，考古队副队长韩伟打开舍利金塔，发现了一枚佛指舍利。他无法判断这枚舍利的真伪，因为这个时候舍利看上去光华四射，有玉石的光芒，但是又有明确的文字记载，说它就是佛指舍利。情急之下，韩伟向发掘现场指挥部请示能不能用舌头舔一下。指挥部的同志考虑后，同意了韩伟的请求。韩伟伸出舌头舔了一下，不黏，所以他确定这枚佛指舍利是玉石质地，因而它是一枚影骨。就这样，在大家坚持不懈的努力下，法门寺地宫里隐蔽埋藏的四枚舍利，一灵三影（一枚真正的佛指舍利和三枚古代仿制品）都被发现并确定身份，考古工作者们取得了我国古代考古的重大发现，震惊世界！

笔者在为考古队高兴的时候，总是会想起韩伟舔文物的那一幕。韩伟先生已经离开我们不少年了，每每提及他，笔者心里始终充满敬意。据介绍，毕业于西北大学考古专业的韩伟，自1961年起就一直从事考古工作。作为中华人民共和国成立后成长起来的考古学家的杰出代表，韩伟先后参与或主持过西安何家村唐代窖藏、凤翔秦都雍城遗址、宝鸡唐代法门寺地宫等重要发掘工作。在雍城遗址长达12年的考古历程中，他和队员们披星戴月、栉风沐雨，终于在凤翔方圆几十里的沟沟坎坎中探查出秦公一号大墓，实现了我国几代考古工作者半个世纪以来的梦想。

这样一位考古工作者的工作，只是众多一线发掘的同志工作的缩影。没有强大的兴趣爱好支撑，他们不可能做出这样优异的成绩。作为学习者的我们，相对而言已经是收获者，那就更应该多关注、多了解文物知识，把它们当作久违的朋友，这样才能在我们的教学工作中取得优异的成绩。

其次，要熟悉文物和文物学知识。要想搞好文物教学，历史教师还需要掌握丰富的文物学知识。只有热情是办不成事的，前面已经说到，文物学知识非常专业，很多文物在外行人眼里根本看不出有什么区别，遑论了解其内部的差异。

例如瓷器。瓷器和陶器有何不同，尤其是和釉陶究竟如何区分？唐三彩为什么是陶器而不是瓷器？青瓷与青花瓷的不同仅仅是名称上的一字之差吗?单单这些问题就让人犯糊涂,更别说北宋五大名窑——官窑、哥窑、汝窑、定窑、钧窑的区别何在、价值何在、特色何在,为什么它们是五大名窑?这些专业的知识历史教师如果不能准确把握,又怎么敢在教学中尝试使用?如果没有准确把握,怎么能保证在教学中不会出现失之毫厘、谬以千里的问题?

试举一例,有一位教师在大胆尝试用文物教学时,以北宋瓷器的特点为线索,开了家"往事瓷器店",让学生当老板,他当顾客,来咨询店里的瓷器怎么卖。这个设计想法很好,在课堂上学生也很配合。但是当学生介绍到哥窑瓷釉的开片、钧窑瓷釉的窑变这两个特色时,师生一起"哑火",在"开片"这个问题上尤其纠结不清。此前此后的瓷器都不开片,为什么单单北宋瓷器会开片?哥窑瓷器的开片为什么成了特色?什么是开片,它和开裂是一回事吗?这种开片影响使用吗?它究竟是优点还是缺点?哥窑的开片是独有的特色,还是北宋的瓷器都有开片这一特征?学生们生发出来一连串的问题,七嘴八舌,让教师头都大了,赶紧停课重新准备,闹了个皆大"扫兴"。事后这位教师认真反思,认识到文物学的知识深刻细腻,要认真学习,否则就算精心准备,还可能有百密一疏的情况出现,千万不可小觑!

但是丰富的文物学知识岂是轻易能够掌握的?一般的师范院校历史教育学专业,在学科设计上,对文物知识虽然也有一些涉及,但是远不能适应中学历史教学的需要,往往要依靠教师自己补充知识。在今天的基础教育领域,这样的自我充实又谈何容易!一线教师们辛苦教学之余,有此时间否?有此精力否?有此条件否?答案不言自明。

不过越是这样,教师越要去争取成为文物教学的先锋。

最后,要有文物教学创新的闯劲。要想成为利用文物教学的教师,就要有教学创新的勇气与接受挫折的心理准备。文物运用于教学,前人做得并不多;文物与历史的关系,也不是一一对应的关系。具体文物对于具体的历史时期,只是沧海一粟,教学中把握不好,容易张冠李戴,更容易以偏概全。文物教学,是我们要时刻注意、不断修正并不断摸索其内在规律的一个新鲜事物。

"初生之物,其形必丑。"文物教学或者利用文物辅助教学是一个崭新的教学活动类型,在初期出现一些不尽如人意的情况在所难免。做这项活动,前辈们没有什么现成的经验可以继承,只能完全依赖教师的摸索。这种摸索涵盖很广的范围,比如对文物的了解、对教材的了解、对学情的了解。有了这些了解,教师还要大胆创新教学模式,给文物教学以空间,给学生以接受新事物的时间。以上这些活动在没有取得明显的成绩之前,教师只能自己默默探索,其间的压力与痛苦可想而知。没有勇气的人,是不敢承担这样有挑战性的任务的。但是如果我们能多想一想,认识到我们的工作是在开创一条崭新的教学途径,一旦成功便可以很好地促进学生历史知识的总体提高,这些压力也就还能接受。

关键是要有承担失败的肚量。不仅任课教师要具备这种雅量,教育管理者更要具备。

既然是创新,就必然会有失败。对任课教师来说,关键是失败后如何保持锐气,如何吸取教训,以图再战。我们要多方反思,可以从这几个角度思考:①文物辅助教学期间文物选择是否适当?②文物知识与教材教学内容结合得是否自然紧密?③文物知识的切入是否挪占正常历史知识的学习时间?这些问题都是极易出现漏洞、制造麻烦的"祸根",不经过一段时间的磨合就想成功避免是不可能的。

对于教育管理者来说,面对一线教师教学创新的"失败"时,应该珍惜一线教师教学创新的勇气与锐意进取的毅力,多给予他们一些精神支持(能转化为物质支持更好),少说一些批评指责的话。大家在一个学校里,要荣辱与共,进退一体。

总之,要搞文物教学,一线的教师们如果能坚定意志,喜爱文物,扎实钻研相关的业务,大胆创新、勇于实践,终将开辟出一片崭新的历史教育天地。

二、了解中国文物分布、保存概况

要想在教学中使用文物,就必须对我国文物收藏分布的情况有所了解,在此基础上进行文物方面的知识积累,取得典型的文物信息,这样才能在之后的文物教学中,将知识运用得当,事半功倍。

首先,我们要了解一下我国古代历史上对文物或器物的收存管理概况。

中国古代也有文物一词,最早出现于《左传》。(《左传·桓公二年》记载:"夫德,俭而有度,登降有数,文物以纪之,声明以发之;以临照百官,百官于是乎戒惧而不敢易纪律。")不过这里的文物是典章制度的意思,与今天的文物一词有着不小的差异。真正表达前代遗物的词,有古物、古董等,但不是很相似。

远古时期因为年代久远,古人的行为很难准确描述。中国商代就会储存甲骨文刻片,西周很多青铜器被贵族世世代代珍藏,以图"子孙宝用"。这应当算是文物的收藏行为。西汉时期会将特别珍贵的史料放在"金匮石室"(相当于政府档案馆)里保管,据说放在这里的东西包罗万象,有不少前朝遗物,其中自然也有属于文物的东西。此后各个时期都有专门保管重要物品的场所,例如隋朝、唐朝、五代、两宋时期都有很多馆阁机构,专门收藏文物、图书,享誉一时,另外国库里面有各种各样的东西,有没收的,有上缴的,有贡献的,这些也未必都是新的物件,应有一些属于文物。

唐代还有史家收集古物、古碑的记载。而真正开始大规模收集和整理前朝遗物,是从北宋开始的,主要表现为金石学得到较大发展。

北宋前期有三馆(昭文馆、史馆、集贤院,合称三馆),后期有崇文院、秘阁,三馆一院和秘阁收藏前代典章器物,有专门的官员负责处理事务。

1000年,乾州(今陕西乾县)有古铜鼎出土,上有铭文21字,当时宋真宗命儒臣句中正等人考证,最后确认为西周时期的"史信父甗"。这一事件一般被学者作为北宋金石学的缘起。到宋仁宗朝的时候,金石学成为独立的学术门类,这是宋代学术的一大进步与成就。当时有很多学术专著,可惜今天大多失传。

1061年,著名史学家刘敞出任永兴军路安抚使,驻扎在长安(今陕西西安),当时长安的古墓荒坟很多,经常有古物被发现。刘敞搜集到先秦鼎彝十多件,考订文字,请工匠摹勒刻石、绘像。1063年,他撰成《先秦古器记》一卷。此书后来亡佚,但是其部分内容被北宋大文学家欧阳修的《集古录》

收存。

欧阳修编撰《集古录》，收录了上千件金石器物，是学术史上第一部金石考古学专著。但是此书没有编次顺序。

此后，又有两部《考古图》先后问世，其一为北宋文学家吕大临所撰，另一个为北宋著名画家李公麟写成。吕书对所收录的每件器物绘图摹文，释文列于其下，并将器物的尺寸、容量、重量、出土地点、收藏者一一写明。李书又名《古器图》。他对书中收录的每件器物，也都仔细绘图、拓片，并解释了其制作工艺、器上文字及大致用途。与吕大临的著作相比，李公麟的著作似乎更接近今天意义上的学术研究。

到宋徽宗朝前后，对前朝器物的研究达到一个小的高潮。当时士大夫以至宫廷贵族竞相访求和收藏古物，每一器物动辄值数十贯甚至上千贯钱，高价之下，引起天下人为此蠢动。一时间挖坟掘墓、刨坑抠井，无所不为。时人称"天下冢墓，破伐殆尽"。当时搜获文物甚多，研究者纷起，一大批官员在这方面"卓有成效"。其中《宣和博古图录》三十卷，将宋徽宗所得前朝遗物中的精品，由王黼考订编纂，分成二十类，是北宋金石学巨作。

北宋时期民间也开始出现藏书家，一些藏书家兼藏商周鼎彝，以为考据。北宋末年的赵明诚、李清照夫妇就是著名的金石收藏家。他们前半生苦苦寻觅，颇有收获，等到北宋灭亡，全家南下逃难之时，他们对收藏之物进行筛选："既长物不能尽载，乃先去书之重大印本者，又去画之多幅者，又去古器之无款识者；后又去书之监本者，画之平常者，器之重大者。凡屡减去，尚载书十五车。"（见《金石录后序》）其收藏之丰富可见一斑。

赵明诚撰有《金石录》，收辑金石上的镌刻文字两千卷，包括夏、商、周到隋、唐、五代的钟鼎彝器铭文款识，以及碑铭、墓志等石刻文字。他逐件鉴别考订，并收录这些器物的跋文，叙述器物出土的时间、地点、收藏者，以及器物的内容，对其所见金石文字进行了总结。以一己之力成此巨著，殊为不易。

南宋时期，金石学发展虽然受到挫折，但还是取得了一定的成绩，如薛尚功撰《历代钟鼎彝器款识法帖》二十卷。此书收集夏商至秦汉的铜器、石器铭文五百余件，订讹考异，详加解释。在宋代集录彝器款识的专著中，此书内容最为丰富，编次也较有条理。

南宋郑樵在他的《通志》二十略中，专列《金石略》来记录他一生中见到的古代器物，并且做了考订。另外有洪遵《泉志》（古钱研究专著）十五卷、龙大渊等《古玉图谱》一百卷、郑文宝《玉玺记》一卷、王厚之《汉晋印章图谱》一卷、岳珂《桯史·古冢桴盂记》等专门研究古代某些器物的著作，这些都是宋以前学者不曾注意的学问。

宋代学者规范了古代器物的名称，如钟、鼎、鬲、甗、敦、尊、壶等，都是古器自载的名称。宋人因以定名，沿袭至今。

北宋被金朝灭掉，金就把北宋的图书典籍、器物珍玩都运到北方，连太湖石都不放过，倒也搬了个干净。金以及后来的元，也有专人和机构珍藏器物。

明清两代公私收藏都很成规模。在明代，公私收藏相比前朝更加丰富。为编纂《永乐大典》，明朝政府下令汇集天下图书，此事几年内就成功办理完毕，可见当时收藏之规模与力量。民间的收藏家在明朝大量出现，尤其是藏书家（古人收藏时以藏书为最高境界）很多。著名的如明中期浙江宁波范钦的天一阁、后期江苏常熟毛晋的汲古阁，都是藏书数量多、质量高的藏书楼。那时候的文学作品里，已经开始用家藏古器物的多少来形容家庭的富有程度。

清代进入康乾盛世后，人们更加注意搜求前代的器物，一时尚古成风，且皇帝带头搜罗天下古物。康熙、雍正、乾隆三代皇帝都是收藏爱好者，如听说杭州钱氏家族藏有铁券，乾隆就请求观赏，好在没有强取豪夺，看完还是还给了钱氏。此外，乾隆建三希堂，搜集法帖，下令编撰了《西清古鉴》等文物谱录。早在乾隆八年（1743），他就决定对内府收藏的书画进行一次大规模的整理。乾隆九年（1744），包含全部书画藏品的《石渠宝笈》开始编撰。这是一次规模空前的整理工作。完成后的《石渠宝笈》，包括续编、三编共成书235册。这是明清两代宫廷收藏的总结。全盛时期的清代宫廷大约有几万件书画藏品，当时这是中国古典书画作品最大规模的收藏。这就是清朝中期（1800年前后）中国公家收藏中部分文物（书画类）的数量。私人的收藏情况估计也不比国家的收藏差多少。乾隆朝又编纂了《四库全书》，查明当时的古籍共3500多种，近八万卷，总字数约八亿字。这就是当时国家的图书收藏规模。

皇帝如此好古敏求，下面各级官员自然紧紧跟上。清朝中期开始，官僚士大夫中普遍形成了嗜古的风尚，出现了一批卓有成就的收藏家和古文字学家，如高士奇、纪晓岚、刘墉、翁方纲、王懿荣、端方、张之洞等，这样的官员代不乏人，一直持续到清朝结束。例如，在辛亥革命中葬送性命的高官之一——清代直隶总督端方，从政之余醉心于古玩收藏，同伯希和等人保持着良好的关系。在出洋考察期间，他还收集了古埃及文物，可谓近代中国收藏外国文物第一人。1911年，端方在川鄂边境死于部下之手，被砍下首级，以煤油浸泡头颅，送与武昌的革命党。后来其子端继先因贫困无以为生，在1924年将端方收藏的一套商朝青铜器卖给美国大都会艺术博物馆，竟获20万两白银，其收藏之精可见一斑。其他官员也收藏了类似的名器，如台湾巡抚刘铭传收藏的虢季子白盘、兵部尚书潘祖荫收藏的大盂鼎，在后世都成为国之重器。他们不仅对收藏品亲自鉴定考证，还著录摹拓、成文立说，并印成书册互相赠送。有时他们还相互辩驳，集结成文后一般颇具文学价值和史学价值。他们手里的青铜器，数量尚不可知，但据推测肯定不少。

清朝灭亡后，中华民国政府于1914年首先成立古物陈列所，将故宫中前半段（前朝部分）的室内陈设与库房物品，加上热河（今河北承德）行宫（今河北承德避暑山庄）和盛京（今辽宁沈阳）故宫的文物都存放在此。这是我国第一个近代化的文物馆藏机构。1925年又成立故宫博物院。此前民国政府成立"清室善后委员会"并组织人手对故宫文物逐宫逐室地清点查收，持续整整一年；事后整理并刊印《故宫物品点查报告》共6编28册，计有9.4万余个编号，117万余件文物，其内容包含商周鼎彝、上古玉器、历代书法绘画、陶瓷、珐琅、漆器、金银器、竹木牙角匏、金铜宗教造像，以及大量的帝后妃嫔服饰、衣料和家具等。故宫博物院是中国第一个近代化的大型博物馆。

当时的故宫博物院下设古物馆、图书馆、文献馆等三个馆室，人员并不是很多。他们一方面组织专业人才对文物进行修复、整理、保护；另一方面在故宫内开辟专门展室，举办各种古物（实际上就是文物，当时已经标注年份、质地等数据，符合西方文物陈列的标准）陈列展览；同时还编辑出版多种刊物，进行资料公开，并组织学者研究器物的历史与特征，进行文明宣传。后来，国民政府又成立国立中央博物院，各地也纷纷建立省级博物馆，其中名气较大的有河南省博物馆、山西教育图书博物馆等。地方上的名人也有一些创设博物馆之举。当时的北京故宫博物院、国立中央图书馆、中央研究院历史语言研究所和中央博物院是主要的，也是后世很有声望的大型文物馆藏机构。

1949年，国民党政府退居中国台湾，从大陆带走大批文物，多为书画玉器之类的精品。国民党政府到中国台湾地区后，将所带文物汇集在一起，组建了中山博物院，也称台北"故宫博物院"。该院现存文物近70万件，其中甲骨档案2万多片，规模位列世界甲骨收藏机构的第二位；瓷器2万多件，从原始陶器到明清瓷器，该院的中国古代瓷器是全世界各博物馆中最精、最多的；铜器1万多件，包括历代钱币，其中有商周到春秋战国时期的青铜器4300多件，如商代蟠龙纹盘、兽面纹壶、西周毛公鼎、战国嵌松绿石金属丝牺尊等；玉器5万多件，其中有著名的新石器时代的玉璧、玉圭、玉璜，以及闻名海内外的清代玉雕"翠玉白菜""汉玉辟邪""紫檀嵌玉三镶如意"等；书画真迹近1万件，其中有从唐至清历代名家的代表作，如"三希"之一的东晋王羲之《快雪时晴帖》摹本、元代黄公望的《富春山居图》残卷、唐代怀素的草书《自叙帖》、北宋苏东坡的《寒食帖》等；善本古籍有近2万册，包括原藏文渊阁的《四库全书》；明清档案文献近40万件，其中有清朝历代皇帝朱批奏折、清史馆档、实录、起居注等，以及满文老档40册。

中华人民共和国成立后，政府大力推行文物收藏和保护的工作。首先，政府接收了国民党政府留下的文物与博物馆，加以整顿和补充；新建了一大批专业博物馆和地方博物馆，做到国有国家级博物馆，地方上有省级博物馆、市级博物馆，县一级有文物保管所，最基层有专人负责文物保护。新中国在短期内就建设、健全了这一整套文物保护管理机构和有关管理机制。其次，国家动员民间收藏家进行捐献，出于对新中国的热爱，一大批珍贵文物的收藏者将他们的心爱之物交给国家，送入博物馆。其中大名鼎鼎的不在少数，本书中提到的虢季子白盘、大盂鼎、钱镠铁券等，都是这个时期由私人收藏者捐献给国家的。最后，为了配合新中国大规模的城乡建设，全国各地考古发掘工作紧锣密鼓地进行，随着考古发掘，一大批出土文物被充实到各级博物馆。殷墟、敦煌、定陵、法门寺、兵马俑坑、马王堆、满城汉墓、周口店、河姆渡、曾侯乙墓，都出土了有世界级影响力的文物，如金缕玉衣、兵马俑、曾侯乙编钟等。

到目前为止，以故宫博物院为例，经过中华人民共和国的建设，其馆藏文物总数达到1807558件，其中珍贵文物1684490件、一般文物115491件、标本7577件，书法绘画作品是其主要特色馆藏，各种碑帖壁画书册等约14万件，占世界公立博物馆所藏中国古代绘画作品总量的四分之一左右，其中有诸多中国绘画史上的孤品、绝品，如东晋顾恺之《洛神赋图》摹本、隋代展子虔《游春图》、唐代韩滉《五牛图》、唐代阎立本《步辇图》、五代卫贤《高士图》、五代黄筌《写生珍禽图》、五代顾闳中《韩熙载夜宴图》、北宋张择端《清明上河图》等名作。

与故宫博物院媲美的还有天安门东侧的中国国家博物馆。

中国国家博物馆是在原中国历史博物馆和原中国革命博物馆的基础上组建而成的，藏品数量120余万件，其中鹰形陶鼎、红山玉龙、后母戊鼎、四羊方尊、银雀山汉墓兵法竹简、战国鄂君启节、秦阳陵虎符、秦兵马俑和汉代金缕玉衣、错金银云纹青铜犀尊、击鼓说唱陶俑、三国青瓷羊形烛台、唐代越窑秘色瓷盘、宋代五大名窑的瓷器、针灸铜人、明清景德镇官窑的瓷器、铜胎掐丝珐琅鱼藻纹高足碗、清朝"皇帝之宝"玉印等珍贵文物在我国家喻户晓，我们的历史教材中也选用了其中部分文物的图片。

除故宫博物院、国家博物馆外，我国还有位于上海市的上海博物馆、位于南京市的南京博物院、位于西安市的陕西历史博物馆这三座颇具影响力的著名博物馆。

其中上海博物馆始建于1952年，目前共有藏品近102万件，其中珍贵文物14万余件；尤以青铜器为特色，收藏了来自陕西及河南、湖南等地的青铜器，如德鼎、交龙纹鼎、西周颂鼎等器形大、铭文多的特色器物。

书法绘画作品有东晋王献之《鸭头丸帖》、唐孙位《高逸图》、五代董源《夏山图》、五代巨然《万壑松风图》、北宋宋徽宗《柳鸦芦雁图》、明唐伯虎《牡丹仕女图》等国宝级珍品，以及南宋、元、明、清的名家原作。此外上海博物馆还收藏了一批战国竹简，竹简被命名为"上博简"，极为珍贵。

南京博物院始建于1933年，是由蔡元培先生倡议创立的国立中央博物院发展而来，现拥有馆藏文物43万余件（套），其中清宫旧藏瓷器、殷墟考古出土器物、元明清时期的绘画作品最具特色。本书涉及的南京西善桥、丹阳建山、胡桥南朝大墓出土的《竹林七贤与荣启期》《羽人戏龙》等砖印壁画，原物皆收藏在此。此外，良渚文化的人面兽面组合纹玉琮、东汉错银饰青铜牛灯、东汉广陵王玺、东汉银缕玉衣、明代《坤舆万国全图》等国宝级文物全国知名。

陕西历史博物馆的前身为1944年成立的陕西省历史博物馆，现有馆藏文物170余万件（组），以商周、汉唐文物为特色。馆藏商周青铜器、唐代金银器最具特点，其中西周多友鼎、西汉皇后之玺、唐代鎏金舞马衔杯纹银壶、唐代壁画、唐代三彩骆驼载乐俑等非常出名。

除了这些综合性的博物馆，我国现在还有很多专业性博物馆，例如中国文字博物馆、中国邮政邮票博物馆、中国人民革命军事博物馆、中国水利博物馆等。这些专业博物馆在某些学科方面的收藏比大型综合性博物馆还要详细和齐全。

还有各省级博物馆，全国34个省级行政区都有省级博物馆，其中河南博物院、辽宁省博物馆、四川博物院、山东博物馆、甘肃省博物馆等均具有一定的地方特色。各个地级市也有博物馆，21世纪以来，各地都比较注意文化建设，着意打造文化名片，因此文化场馆建设得较好，部分馆藏文物也比较有特色。对于一些地方性的人物或事件，地方博物馆里会陈列较多的材料。比如关于吴越国的创始人钱镠，在今天的浙江临海市博物馆就有一些历史文物是别处见不到的，很有研究价值。

我国有些名人，在多年收藏后，也创办了一些博物馆。这些博物馆很小，但是很有特色，是更加专业的小型博物馆。限于精力，本书无法介绍太多，请大家在日常的生活中多留心、多积攒材料。

这些博物馆不仅进行文物的收藏维护，还进行文物的研究和历史材料的补充。大家如果对文物知识感兴趣，想做文物学习与研究者，一定要抽空去这些博物馆认真系统地学习，去个一趟两趟，乃至十趟八趟，肯定会大有收获。

同时，大家还要特别注意文物的学术研究动态与文章。目前国内的文物学学术杂志有《考古》《文物》《故宫博物院院刊》等几十种，另外很多综合性学术理论刊物也都设有文物研究的专栏或者专刊。这些将是我们以后研究文物、辨别文物的指南，希望大家好好学习与揣摩。

三、多渠道获得文物资源

"工欲善其事，必先利其器。"要想搞好文物教学，历史教师手中要握有一定的文物实物。然而这个构想说起来容易做起来难。

文物的价值巨大，国家有相关的政策法规来管理文物，珍贵文物多在博物馆，就是一般文物，民间收藏家也会将之妥善珍藏保管，绝不会轻易示人，中学教师哪里能轻易获得？所以一般的中学教师，就算对文物学知识有一定的研究，想要在教学中妥善运用，没有一定的文物资源，也是纸上谈兵，更谈不上教学效果如何了。有条件的地方当然可以组织学生去博物馆，但是在博物馆内如何进行课堂教学？不排除也有部分历史教师在工作之余，自己节衣缩食，收购或交换来一些文物实物，但是凭一己之力，究竟能获得多少？笔者认识一位北京的历史教师，于文物这一行当早有爱好，多年不断积累，耗资巨大，也只是在古代钱币上略有一些积累，因而在教学上能够运用所藏文物进行教学活动的组织，效果很好。但当学生渴求老师再接再厉地继续下去之时，文物教学就难以为继了，因为他囊中羞涩！这位教师每每与笔者谈及此事，常常怅恨久之，后悔没有在前些年物价便宜时大力收罗。其实前些年教师工资还很低，做到他这个程度已经很不易。

对于绝大多数的中学教师而言,有文物教学的思路已经非常不容易,再苛求大家收藏很多文物实物,既不可能,也不必要,只要尽力而为就可以。要想在文物教学中得心应手,还是需要再想一些办法。

首先,文物实物的不足,可以用文物图片和资料说明来补充。笔者认为,用文物图片和资料进行文物教学对中学阶段历史教师是可行的。我们对于文物的利用主要是在教学活动中,配合教材讲授和学习,有计划有步骤地应用一些文物来辅助教学。教学中是否使用文物实物,对学习效果并无影响。这不同于真正的文物学学习,需要完成鉴别任务,必须见到"真东西"。如果上的是文物鉴赏课甚至是文物知识培训课,课堂上不用文物实物就有点说不过去。

以文物辅助历史教学,也就意味着要在课堂上使用文物。从这个角度上说,操作与应用实体文物的难度太大,安全性也无法保障。文物保存至今殊为不易,若有所损毁,不仅会造成巨大的经济损失,也愧对先人。文物图片加上教师出示或陈述的文物信息,已经能够满足教学的需求,教师只要购买一些相关资源就足够了,比如介绍文物的书籍、影像节目。教师还可以在网络上下载相关内容。在这方面,一线的年轻教师比笔者有经验,此处也就不再多说。

其次,可以利用现行的社会资源进行教学。近十几年来,国家在公共文化资源建设方面投入很大。各地文化场馆,尤其是各类国有博物馆,基本上免费开放。这样做是需要决心和实力的,也得益于祖国今日的强大!这些文化场馆都在尽其所能进行一些文化宣传工作,比如博物馆里的特展、讲座,电视上的公益类节目,如《百家讲坛》、纪录片频道等。它们大多邀请国内一流的学者、最有成就的研究者等进行深入浅出、通俗易懂的科教普及。其中一些讲座、节目的难度适合中学阶段的历史学习,历史教师大可以直接采用进行教学,也可以让中学生去这些藏馆、讲坛参观学习,效果更好。

如果觉得组织学生外出不是很方便,安全性和时间上都没有保障,教师还可以邀请相关的专业人士走进课堂。这些人多是德高望重之人,如有时间,一般不会拒绝有利于基础教育发展的公益要求;而且这些专家讲的课,学生好像更爱听一些。

  总之，由于中学历史课堂教学的属性，教师可以用多种方法来获得教学中运用的文物资源，只要思考如何开展教学工作即可。以文物辅助历史教学，教师不必为文物资源发愁！

第三章　将文物应用于教学的尝试与探讨

一、在历史教学中应用文物的三个步骤

文物在历史教学中的应用价值，前文已经阐述很多。那么如果有教师想要在自己的课堂中尝试进行文物教学，又该如何进行呢？笔者认为，有三个步骤可以帮助教师尽快地展开文物教学课堂。

1. 从繁多的文物资料中，精心选择适合用于自己的历史课程教学的文物。

首先要琢磨一下历史学科教与学的特点。其实在历史学习中，大家一般感受、理解的，还是历史的具象。事实上，对于每一个单独的历史事件来说，即使与同类型的历史事件相比，其源头、发展和结局还是有着很大的具体差异。我们可以说，人类几千年文明史中，迄今我们还找不到两个完全一样或者基本相似的历史事件。历史在按照历史规律发展的时候，不同的事件各有其独特性，这是偶然因素起作用的原因。历史是一个个鲜活的人通过自己的活动集体创造的，连同一时代每个人的思想都不同，不同时代的人思想差距就更大了，所以历史总是以崭新的面貌示人，这才是历史的魅力所在。如果教师在课堂上用时代特色鲜明的文物来辅助教学，这个差别就会显现无遗，可以很好地帮助学生学习与理解历史。因此，关键是怎样去选择这个合适的文物。选择的原则是：所选文物与所讲授的历史应有着直接的、紧密的关系，能起到画龙点睛或者一针见血的作用，这样的文物就是最合适的文物。

试举一例。从前，研究近代史的历史研究者，以清政府公布的《李秀成供状》为证据，断定李秀成是叛徒或变节者。后来去中国台湾的曾国藩的曾孙，将家藏的李秀成亲笔供状原本交给近代史学者研究，他们将李秀成的原始供状影印出版。这时我们才知道，末路奔逃的李秀成远非一个"叛徒"

或"变节者"那么简单。原来清政府公布的《李秀成供状》,是经过曾国藩大量删改后的作品,已经面目全非。据复原后的《李秀成供状》(《李秀成亲供手迹》)来看,李秀成在被俘后,确实有大量文字存世,究竟是供状还是其他内容很难确定,因为原件现在看来已经是无头无尾。供状主要回顾了太平天国的发展经过,提出了许多经验和教训;至于涉及李秀成投降的字句,现在还不能断定其真实性,因为涂改的痕迹太重,已经不大好判断哪些文字是原文了。历史文献有时哪怕只是加一个字或减一个字都会文义颠倒,何况这样直接涂成个"花脸"?

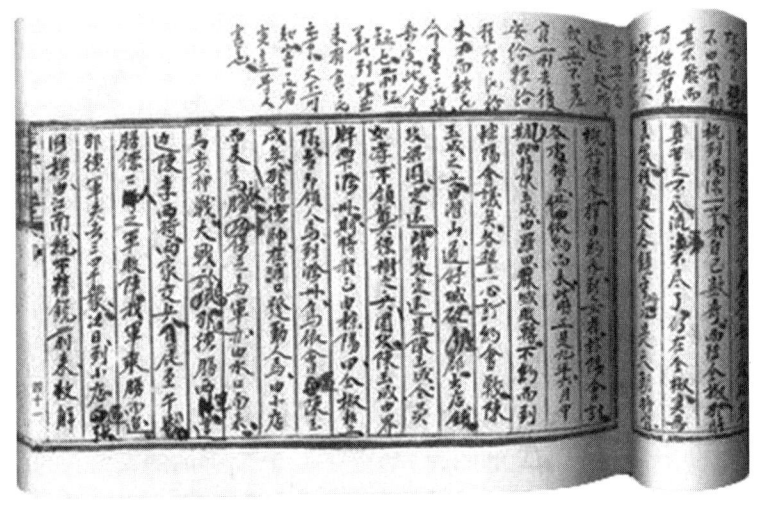

图3-1 《李秀成亲供手迹》局部(中国台湾世界书局影印本)

这种历史材料中的偏差,我们无法回避或无视。就是今天的定论,也许有一天有新的证据出现,还要重新改动甚至颠覆性重修。这些都是正常现象。教师讲这段历史,假如用到《李秀成供状》,注意到这些问题,经仔细比较选择原件,就可以达到使用文物辅助历史教学的效果。

2. 熟悉所选文物的相关资料,越熟越好。在教学应用前,对用于辅助历史教学的文物需要知道哪些信息呢?我们仍以上文中的《李秀成供状》为例,在教学开始之前,教师必须掌握以下各个方面的内容。

(1)文物收藏流传情况:1864年7月22日,李秀成护送幼天王洪天贵福突围不成,在南京附近被本地村民俘获,押解至清军营中。30日,曾国藩命人审问李秀成并令其书写供词。8月7日,李秀成遇害,之后,曾国藩将李秀成所写供词删改,命人抄写两份,一份送往清廷军机处,另一份则交其子曾纪泽保存,并于安庆找到书商进行刻板,命名为《克复金陵贼党供招李秀成述》。此即后世所称"九如堂本",共27000多字;而李氏供词手迹原稿则秘不示人。直到1962年7月,曾国藩之曾孙曾约农将李秀成供词手迹交给中国台湾世界书局影印,名为《李秀成亲供手迹》,至此"湘乡曾八本堂藏"原稿始公布于世。

(2)文物特点:李秀成在供词中对太平天国的兴衰过程及人物、战役等皆有记录,供词史料价值甚高,且系其亲笔所写,一气呵成,可靠性较大。曾国藩派人删改供词,从字迹与涂改中,可以考订出很多史实。

(3)文物与教学中的匹配点:李秀成的自述,描述的实际上就是太平天国起义的历程;李秀成所说的几个教训,实际上也都是太平天国失败的主要原因。

为什么要这样详细地罗列这些内容?我们从经验中可知:学生只有知道文物的外形与状貌,才能有直观的印象,否则文物的辅助作用要打很大折扣。要了解文物的形貌,一张图片往往不够,必须有三张以上,正面、背面、侧面,最好再有一张描述细节的照片,对应着教师讲课时的相关内容。学生对文物的流传情况要有所了解,主要是要培养学生对史料的解读与辨别能力,很多时候只有找到史料的原始出处,才会搞清楚最原始和最直接的史料究竟是什么,它们的可信度是最高的。学生对文物特点的了解,就是对文物知识的重点记忆,没有对这些重点知识的了解,学生对这个文物的认知会很快湮灭。

历史教学中教师所选择的文物的时代特征要鲜明。有价值的文物直接反映历史的原貌,时代特征明显。不同的朝代在社会生活层面留下丰富的印记,表现为不同的器物式样,如商周鼎樽、秦汉壶缶、唐宋杯盘、明清碗碟;表现为不同的颜色喜好,如秦代尚黑、唐朝喜紫、明清贵黄;表现为不同的材质使用,如汉以前青铜器、宋元瓷器、明清铁器和木器,都留有鲜明的历史特色。掌握好这些历史知识,有助于我们更好、更快地学习历史。

以上就是文物的相关资料，任课教师在讲课前，对辅助教学的文物，必须了解到这个程度才能很好地为教学服务。

3. 根据课堂需求，确定使用文物辅助教学的策略。

根据教学需求，辅助教学的文物，在不同的教学时段，有着不同的应用策略。试举几例说明。

(1) 导入阶段。

现在评价教师的课堂效果有很多标准，学生的课堂学习氛围、学生的听课感受，自然算是评价教学效果最重要的一条。新课改强调以学生为本的教学理念，落实到历史课堂教学上，就是要求教师以生动的课堂教学，让学生对历史课程喜闻乐见，大有收获，如此才算符合课标精神。导入在课堂教学中的价值，已经有众多的论述涉及，其重要性已经不用在本书中探讨。历史课堂教学中对导入环节的设计要求是一定要突出生动性，因为导入是一节课能否吸引学生的关键，是决定一节课生动性的关键一环。在这种要求下，以恰当的文物来承担导入的任务，是很见效果的一种范式。

历史教学导入可以结合文物实物进行，让学生亲身感受历史气息。我们这里所说的文物，主要是一些大家有能力获得的文物，如价值不高的古代钱币、一些近现代的遗留实物等，也可以用一些精致的复制品来代替。我们并非做专业考古和文物研究，使用文物的目的简单，起到教学导入的效果就行，所以使用复制品也无可厚非，但是应该明确告知学生所用之物为复制品或者仿制品。如果得不到想使用的文物或其复制品，只能被迫使用文物图片教学，这样导入效果就要差一些，可能需要教师多说一点，来补充气氛上的不足。

案例一
"近代中国经济结构的变动"教学设计导入

展示：这是几枚清代的钱币（乾隆通宝、道光通宝、咸丰通宝、光绪通宝）。

师问：同学们，请大家轮流观察这几枚清代钱币，它们的面值都是一文，请注意它们的区别在哪里。

学生以组为单位传阅。

生答：乾隆通宝最大、最厚；道光通宝次之；咸丰通宝又次；光绪通宝最差，大小厚度只有乾隆通宝的一半左右。

师问：钱币越来越小，这说明什么问题？如果你去卖商品，愿意要哪种钱？

生答：偷工减料，钱币的信用差。卖商品的人肯定愿意收最大、最厚的乾隆通宝啊。

师说：大家观察和分析得很好。同学们，近代中国的经济在1800年前后已经走到危险的边缘，由于鸦片走私导致大量白银外流，中国对外贸易出现巨大的逆差，产生"银贵钱贱"的不利局面，国家经济面临崩溃。国家发行的钱币越来越小，说明国家的经济实力在下滑、货币信用在减弱，清代中期1000文可以兑换1两白银，到了晚期，需要1600文才能兑换1两白银。人民饱受痛苦，近代中国的经济已经发生重大的变动。

展示课名："近代中国经济结构的变动"。

这个导入设计得非常简单，却非常有效。几枚小小的钱币在学生手中传看，引起他们很大的兴趣。学习繁忙的学生可能头一次见到真正的清代古钱币，而且大小不一，于是拿在手里又掂分量又量直径，感到好奇和兴奋，对教师的课程导入也感觉顺理成章，很容易饶有兴味地听下去。经济史的内容不好讲，关键在于太过枯燥，学生不容易产生兴趣，这位教师用钱币这个经济学的基本元素作为导入手段，花费不多，效果却很好。

（2）讲授阶段。

一节课进行到讲授阶段时，教师已经开始正常教学，学生的思维被高度调动起来。这时要加上一些承载丰富历史信息，但又需要学生好好琢磨一下才能得出清晰认识的文物辅助教学。

案例二
利用文物——筒车的模拟器物讲授

在历史教学中,可供利用的直观教具很多,有实物、模型、图片、地图、表格以及各种音像设备。这些教具是历代文物的复制或者仿制实物和呈现文物信息的媒介,很是直观。这些教具可以从不同角度刺激人的视觉、听觉和触觉,可以使学生形成清晰的历史印象,促进其形象思维发展,也可激发他们的兴趣,提高他们学习的积极性,最终增强学生对历史知识的感性认识。

在人教版历史课本七年级下第一单元第三课中,《经济的繁荣》一节讲到筒车这一先进农具的问世,教师总结说:它既省时,又省力;无噪声、无污染、绿色环保,有力地促进了农业的发展。教师担心学生对筒车的工作原理和操作过程不了解,因此决定制作一个筒车模型。该筒车模型是在博物馆里购买原材料组装的,比例为1∶128。

课堂上讲到这一节内容时,教师展示筒车模型,向学生详细介绍其结构及工作原理;学生表现得非常兴奋,好奇心极强,个个都想上台,亲自动手试一试筒车是如何工作的。教师分别请几组同学上台,让他们互相协作,参与筒车汲水的全过程。同时全体学生思考几个问题:竹筒为什么是斜的?筒车是怎样固定的?它适用于哪些地区?筒车的动力是什么?水流是朝哪个方向?如果不需要灌溉了怎么办?……

学生们通过亲手试验,很快就圆满地回答了上述问题。同时,学生对中华民族古代文化有了更深刻的理解,也为古代人民的聪明才智感到骄傲。学生在了解科学技术给人类历史发展带来巨大物质进步的基础上,逐步形成崇尚科学的意识,确立求真、求实和创新的态度。

这种利用文物模型实现"历史再现"的教学方法,使学生们在合作探究的氛围中,培养了观察问题、分析问题和解决问题的能力。整堂课上无人走神,无论男生还是女生,都跃跃欲试,想上台参与演示。这是课堂的闪光点,教师通过学生在操作演示中自己设疑、自己答疑,推动课堂进入更高境界。

（3）巩固知识阶段。

历史课程一般没有作业，即使有的话，也只有一些史料分析或简答题。留一道有关文物的思考题，让学生练一练、想一想，也很有趣味。教师甚至可以让学生组成一个兴趣小组，发展壮大一下热爱文物的队伍。

案例三

看图，再仔细想一想，并回答问题。

图3-2　东汉击鼓说唱陶俑（中国国家博物馆藏）

（1）观察上图中东汉击鼓说唱陶俑，简要回顾一下相关汉代历史，写一个50字左右的文物介绍或历史故事。

（2）根据这个文物的形貌，写出三个以上成语。

（3）你喜欢这个陶俑吗？说一说你对这个文物的感受。

历史课堂中借用文物辅助历史教学的路很宽阔，笔者之所以在这里列举上述案例抛砖引玉，其实只有一个想法，那就是觉得文物教学真的是一片大有作为的广阔天地，以笔者愚钝之资，尚且见猎心喜，何况那些一线教师？衷心盼望大家在这个领域里早日有突破！

二、在教学中应用文物的四个策略

中学历史教师往往在艰苦的环境下进行教学。这种艰苦，倒不是指物质条件恶劣，而是指教学过程中工作的艰苦。工作伊始，教师就面临时间少、任务重的局面，全靠大家苦心孤诣，才能走出一条道路。

在广大中学历史教师中，有埋头苦干、几十年如一日地坚持专业学习和专业积累的教师，他们讲起课来洋洋洒洒，丰富的知识和精准的把握使学生在听课时如醉如痴——我们可称其为"知识覆盖型"教师。有充分发挥专业特长，常年钻研历史著作，笔耕不辍，写下大量有分量的历史论文，在一些领域可以和专家媲美的教师，他们讲起课来旁征博引，把看似简单的历史事件讲得惊风密雨，分析时滴水不漏，点评时一针见血，让学生在课堂上充分体验到历史的魅力，有叹为观止之感——我们可称其为"严谨细致型"教师。有业余时间广泛收集历史文物的教师，他们集腋成裘，所藏蔚为大观，将收藏的文物作为历史教具，巧妙运用于教学之中。学生上课时能直接触摸到历史的遗存，感受到浓浓的历史气息，喜不自胜，纷纷效法，成为小收藏家，历史学习的兴趣空前高涨——我们可称其为"善假于物型"教师。诸如此类，这些教师为我们树立了榜样。只要我们兢兢业业、认认真真，发现适合自己的努力方向，就一定会在历史教学中找到属于自己的一席之地，创造出满意的成绩！

接下来，笔者就如何更进一步搞好文物教学，不揣浅陋，提出四个基本策略与大家商榷。

1. 注意单个文物在课堂教学中的特点，争取成组、成系列地运用文物，这样可以更好地利用文物的史料价值。

一线教师完全可以将文物当作第一手史料去介绍、运用。在历史教学一线根本不必争辩史料的科学定义究竟是什么，简单来说，史料指可以作为研究或讨论历史时的依据的东西。打个比方，史料相当于语文教学中议论文三要素之一——"论据"。西方学术界一般将史料区分为第一手史料（primary source）和第二手史料（secondary source）。前者是指可较直接作为历史研究的根据的史料，我国学者多称其为原始史料；后者是指后人通过一手史料所做的研究及诠释，但二者的界限经常并不明确（例如《史记》就很难确定是一手还是二手史料）。一般中文所称史料，主要是指第一手史料。

史料是学习、研究历史的基本资料，对历史研究者而言具有重要的意义。同样，在中学历史教学中，史料也具有重要意义，因为它是教师讲授历史知识、学生领会历史知识的基础。有位老教师（北京市中学历史特级教师李秉国）曾经对笔者说："对中学生而言，历史课应该强调形象思维，而不是逻辑思维。"妙哉斯言！这是我们历史教师应该奉为圭臬的原则之一。

文物的介入，可以很好地帮助学生尽快培养形象思维。文物的特点就是直观和时代特色鲜明。例如，唐代的雕塑刻意突出男性肌肉的强劲、线条分明，整个雕塑作品给人以强烈的阳刚之美的感受。这种"大唐雄风"的直观感觉，在教学中很容易被学生获得和感知，从而大大减轻教师讲授的难度，使教学效果更佳。

史料还可以根据载体的不同，分为文字史料和非文字史料。文物即属于非文字史料，它基本上能够客观真实反映它所承载的历史信息（除了刻意制作的赝品），这是它的最大价值。另外就是它非常直观，保存到今天，我们仍然可以直接触摸到它背后的历史，宛如亲历古代。不过，文物有时又是碎片化的史料，与文字记载相比，它是孤立的，所反映的历史是片断的、零散的，我们很难从它们身上获得关于某个历史事件系统全面的历史信息。所以，我们要全面研究教学中应用的文物，了解其优缺点，明白使用的利弊，以搞好文物教学。

我们要努力发掘文物各种各样的史料价值，弥补其中的重大缺憾：它是以孤立个体的形式呈现的，难以对原有的社会面貌进行全面展现。我们在使用它们的过程中容易应用不当，犯以偏概全的错误。对此，历史教师要有一定的教学策略来应对。

例如，我们获得一枚古代钱币——秦代的半两，不论它保存得多么完整，我们也不可能从中洞悉整个秦代货币使用的全部历史。所以教师在历史教学中，可能更多会一组组地使用文物，从而强化学生的直观感受，消弭孤立性带来的弊端,比如将秦半两和战国的六国货币作为一组(比较流通中使用方便与否),将秦半两与汉三铢钱、五铢钱,唐开元通宝作为一组(比较货币币值中反映出来的时代经济发展水平),或将秦半两和成串的钱币、郢爰等作为一组(比较战国秦汉时期的商业发展程度),依此类推。这样做就既能发挥文物教学的趣味性和生动性,又能对文物史料价值不齐备、不系统的缺点有所弥补。

史料教学是落实历史资鉴功能的重要手段。众所周知,我们学习历史的目的是教育后人,实现前事不忘,后事之师的目标,这就是历史的资鉴作用。历史的这种资鉴作用通过对个人历史观的培养来实现,使个人形成高屋建瓴的思维和一针见血的眼光,其重要性毋庸置疑。对广大中学生来说,他们还处于历史知识比较薄弱的人生阶段,要实现这个目标,他们主要依靠的是对具体史料的把握与学习,这还有赖于教师的培养。学生从历史课堂中不仅要学会着眼于大的历史方针策略和历史原则去考虑问题,而且要学会从具体的历史时间、地点、人物、环境和事件的发展变化中掌握、领会以史为鉴的方法。

对文物史料的这些特点,希望教师们在今后的教学中妥善利用,以期发挥其优势,更好地为历史教学服务。

2. 注意重点文物的信息收集,发挥历史细节的教育作用。许多历史概念只有落实在具体历史细节上才能发挥资鉴作用。例如,中学阶段对第二次世界大战(以下简称"二战")历史的教学,从历史观念培养方面来说,可以简单归纳为正义力量是必胜的,人类社会必将昂首前行。可是如果我们的教学只停留在这个层面上,不落实在细节教育上的话,就失去了历史课程具体的指导价值。

例如,2003年笔者在北京某个普通中学做问卷调查,那是一个即将参加高考的文科班,30多名学生在被问及"'二战'中世界反法西斯力量是怎样取得最后胜利的?"这个问题时,一些学生的回答竟然是:"'二战'中让我印象最深的历史事件就是几次会议!德国、日本法西斯表面挺凶,世界各国一开会,他们就相继倒台!"

看到这个反馈,笔者也很惊讶。学习"二战"历史后,学生的印象竟然是这样,这足令大家反思!这一现象的产生,原因固然很多,然而不重视历史细节教学,肯定是其中一个不容忽视的原因。

随着我国近代、现代历史研究的发展和进步,以及西方史学观念和方法的不断传入,我国学者在历史唯物主义的指引下,对史料的认识更加深入,扩大了史料收集与整理的原则与范围。举凡历史上有考古价值的遗存,均可通过发现、收集、整理而作为史料来利用。这个观点的提出,使得历史研究的史料范围前所未有地扩大,出现了大量的历史细节材料。例如,我国南方一位市民有买菜记账的习惯,而且长年坚持不懈,从1956年一直记到1986年,几乎没有间断,这个记账本被完整地保留下来,成为研究该地在中华人民共和国建立后经济史的宝贵史料。2006年,北京首都博物馆将北京首汽股份有限公司司机于凯的一辆夏利出租车作为文物收藏,作为首都交通事业发展和社会文明建设的重要史料。这些都是明证。

很多之前因为史料不足导致的历史细节缺失的情况,正在一点点改变。在这种情形下,文物的涵盖范围大大扩展,原来不值一提的旧物甚至被视为"破烂"的东西,也可以走进大雅之堂。这样做可以极大地提高历史课堂的趣味性与历史知识的资鉴性。例如,很多教师在历史教学中喜欢展示我国二十世纪六七十年代发行的粮票、布票等票证来帮助学生认识和理解当时我国的经济建设。我国最后一种粮票退出历史舞台是在1993年,这些实物的通行距今不足30年。笔者记得有一节课,当教师发掘出"1964年一张100斤面额的全国流通粮票几乎能决定一个人的性命"的历史细节后,学生表示惊讶。他们无法理解当时我国"有钱无票"就几乎买不了一切食品的历史现象,当教师解释后,他们受到的触动是巨大的,因而对于社会主义建设曲折发展的历程和今天改革开放取得的巨大成就多了一层深刻的理解,这堂课也取得了很好的教学效果。

再如,很多教师喜欢使用活字印刷术来印证中国古代的科技成就,但是却很难解释为什么活字印刷术出现后,中国古代雕版印刷仍然大行其道,活字印刷的古籍反而非常罕见。活字印刷这种不常使用的印刷技术,为什么被称作重大发明?诠释这个现象,教师要仔细分析活字印刷的利弊,必须将活字印刷作品和雕版印刷作品一一进行比较,再从中国古代社会对书籍的欣赏标准和保存的目的来看,才能阐明由于活字印刷有行列不齐、字迹不整、印痕深浅不一等问题,其印本往往不被古人所珍视,因而流传不广,在中国古代保存的数量有限。但活字印刷术流传到国外,用于字母文字印刷,再加上工艺改进,质量提高,反而得以推广,促进世界文明的传播,对世界范围内的文化发展产生重大影响,所以才被称为中国的四大发明之一。

可见,运用文物资料时一定要时刻注意发挥其具体而微的历史作用,在文物讲述中要准确描述细节,用足、用好细节,这样才能更加直观形象,给学生留下深刻的印象。

3. 运用外国文物或资料时,需认真研读,提高文物利用水平。我们在世界史教学中,难免会遇到一些西方的文物知识,或者会有意识地去查询一些西方文物史料,在课堂上运用。这些外国的文物资料,尤其需要我们多加注意。

外国的史学与我国的传统史学,无论在内容还是方法上,都存在一定的差异,但是在差异之外,有些基本观点,如对历史记述客观、真实性的追求,对历史人物高尚道德品质的歌颂,还是一致的。我们在教学中,尤其是世界史教学中,遇到一些国外的历史资料时,可以借鉴使用。

但是运用外国的文物资料教学时,笔者认为还是有许多值得教师注意的地方。例如,西方很重视文物,或者说他们比较重视历史的形象化教学,并且有很多成熟的经验与成套的资源。我们的教师借鉴转化这些内容没有问题,但是有些人对部分文物资料了解不多,闹出笑话的也不少。例如,有的教师在"美国南北战争"一课的教学中,运用一幅南方和北方军队交战的油画作为场景描述,图上穿灰色军装的军队向穿深蓝色军装的军队发起攻击,穿深蓝色军装的队伍溃散,死伤惨重,士兵的脸上露出惊恐的表情。这位教师把这幅绘画作品作为南北战争末期北方军队即将获胜的图片介绍给学生,很明显,他认为这是北方军队获胜的场面。殊不知,美国内战时期,南方军队穿灰色军大衣,北方军队穿深蓝色上装,在这个教学设计中如此使用该图片肯定是用错了。在以后的教学中大家还是要严加注意,谨防这样的错误再次出现。

笔者总结了一下教师在世界史教学中运用西方文物资料时比较容易遇到的难题。

(1)重要的、关键的文物资料不容易找到,或者找到了也只有只言片语,课堂使用中经常出现张冠李戴的现象。比如美国的《独立宣言》,作为一个重要的文物,很多教师在课堂上出示的却是美国《1783年宪法》。这种情况的出现是由于有些教师手中的世界史资料严重不足且知识不太系统,教师们将来如果用心积攒,分门别类集腋成裘,可能会有一些改变。当然这也有赖于我们一起努力,做一个世界史的文物资料合集出来,为大家的教学提供更好的服务。

(2)西方历史上著名的油画、雕塑等美术作品的相关资料在我们身边相对容易找到,但是由于认知角度不同,现有资料不太注重介绍其历史价值和历史信息方面的内容,这个缺憾就给我们的文物使用带来很大的麻烦。如有一次一位教师问笔者,母狼养育两个男孩的雕塑,除了教参上的版本,还有没有其他的?笔者感到很惊讶,细问之下,得知原来她在媒体上看到一个很漂亮的母狼哺育小男孩的美术作品,想用在教学中,但是感觉不太放心,想验证一下。这下我们都发愁了,因为她没有找到这个作品的中文解说,甚至连作品名称都不知道,单单只有一张文物的照片。我们只好去咨询美术方面的专家,也没有找到确定的说法,最后只好放弃不用,事后我们觉得很可惜。如何解决类似的问题,大家都很伤脑筋,现在虽有图片搜索软件,但其功能和图库都不够完善,我们翘首企盼相关技术进一步发展!

(3)外国的文物实物我们在教学中基本无法直接使用,只能在仿制品和图片这两种形式上下功夫,但是由于文化背景的差异,一线教师想把外国文物的优缺点弄明白,很是不易。这要求大家特别注意外国的社会习俗和审美情趣,尤其是宗教因素对这些文物的影响。比如,大量包含裸体人物形象的外国美术作品和历史遗物,在中学课堂上怎么运用就是一个大问题。教师使用它们的时候,尤其要谨慎。当然,这些问题主要在古代历史教学方面比较显著，到了近现代就好了很多，但是也不可大意。

（4）运用文物图片进行教学，也要注意史料的校勘，以保证教学目标的顺利实施。

我们在教学中一般不涉及文物的造假问题，也无法评定文物研究领域的学术争鸣，对于这些争议，我们教师往往心有余而力不足。因此我们在日常教学中，多使用文物的图片来代替实物。

图片在文物教学中的最大价值在于直观和历史信息含量大。据说人类的记忆有83%来自视觉，直观的图片最适合我们理解和记忆。中学历史教学中史料浩繁，教师在讲课时有时还会遇上怎么讲也讲不明白或表述不完全的情况，往往这时候一张恰当的图片就可以很好地解决问题。图片很能吸引学生的注意力，是学生喜闻乐见的一种历史信息载体，相对而言学起来快捷，令人记忆深刻，所以大量使用图片可以减轻学生的记忆负担，加强记忆效果。

但是在使用这些图片时，我们还是要注意检查，以防出错。常言说耳听为虚，眼见为实，可有时亲眼看见的图片也有作假的（这里主要指的是照片）。图片史料与文字史料一样，作为人类有意保留下来的东西，有很强烈的主观色彩，一线教师在使用前，需要好好辨别一番才能使用。图片史料作伪，其中一种是拍摄前作假，即布置假的场景再拍摄。我国"大跃进"时期著名的《亩产万斤粮》，照片上两个100多斤重的姑娘坐在田间作物上，以此来证明亩产万斤粮食的真实性。这就是用假的场景拍摄出的真实照片，教师在使用时一定要特别注意这一点。还有一些我国抗战时期日本侵略军在中国境内受到中国百姓"欢迎"的图片，那些中国百姓欢迎的场景也是预先布置好的，是假的。大家只要注意照片焦点上的中国百姓，就会看出绝大部分中国人脸上透露出来的仇恨和畏惧情绪，这一下子就戳穿了日寇的虚伪嘴脸。这种真照片假史料还有很多很多，一定要注意辨伪。

另一种作伪是拍摄后作假，这就是大家熟知的合成技术，将现实中没有发生的场景合成出来。例如，据美国科学界揭露，世界上拍摄到的清晰的外星飞碟或灵异图片，几乎全部是假的，利用的就是合成技术。这些照片现在在社会上很流行，有时也很能混淆视听，大家一定要多加注意，以防上当受骗；尤其不能在课堂上随意展示，以防以讹传讹、误人子弟。

图片史料的辨伪是个大难题，要靠专业技术来进行，但是那需要专业的设备，我们教育界不具备这种能力。虽然我们不能辨伪，但是可以防伪，这方面我们就要靠自己的历史知识进行判断了。图片史料是人们根据主观思想操作工具或机器产生的，主观意图肯定会在作品上打下深深的烙印。如果在图片史料上辨伪，首先要分辨作者的主观意图，照片作伪自然是为了掩盖真相，因此凡是与历史常识或生活常识不符合的照片，其真实性就大大值得怀疑。理之所无，事必不能，尽量不用这样的照片，就可以在很大程度上防止上当受骗。

除此之外，文物教学的效果还会受到学生感受差异的影响。一件文物在课堂上展出后，有的学生对文物某些方面内容感兴趣，有的则对其他部分感兴趣，众说纷纭之下，教师想妥善引导也是一道难题，课堂教学秩序很容易失控。一节课45分钟，学生的注意力被文物所吸引，这个要看、那个想摸，稍微一耽误，原本的教学设计就会被打乱，好事变成坏事，这种事与愿违的情况也屡见不鲜。文物教学不能由教师一厢情愿来主导，需要大家一起多尝试，长期磨合，才能找到其中的教学规律。

下编 教学文物十例

用文物辅助教学是一件看起来简单，实际操作很复杂的事情。教学中运用文物有千般好，却有一处难，那就是没有合适的文物可资运用。这里的"合适"一词，对于教学一线的教师而言，有两层含义：众多的文物，选哪一件应用在教学中最合适？选中的文物在教学中如何展示最合适？

有时某一历史事件的文物遗存非常多，教师们在寻找资料时，如果筛选条件设计得比较简单，寻找到的资料可能会很杂糅。尤其是网络时代，用搜索引擎一敲键盘就会获得很多资料信息，可大家面对着如此众多的资料信息时，反而有些不知所措。

为什么？无法辨别、难以取舍。于是在教学中，我们会发现一个现象：有的教师在展示文物史料时，往往采用"大水漫灌"的方法，课件上如走马灯似的展示文物图片，你方唱罢我登场，教师忙得不亦乐乎，学生听课应接不暇。教师总觉得这些资料看上去都有一些价值，总想在教学中派上用场，因此不顾及学生的反应如何，与教学目标的结合程度如何。

例如，在一节课程中，教学内容有关唐三彩，于是教师竟然使用了16幅文物照片。教师的设计表面上看是应有尽有，实际上是眉毛胡子一把抓，有滥竽充数之嫌。事后我们针对这一问题进行教学研讨，发现授课教师的问题出在对唐三彩的价值判断不准确上，他不知道该用哪一种文物来代表唐三彩的典型特点。譬如教科书上的"骆驼载乐俑"作为唐代对外交流成就的证明是很好，但是对于想了解唐三彩价值的学生来说，蓝彩或黑彩马俑才是最典型的；而对于想了解唐代妇女地位的学生来说，骑马女文官俑最为合适。如果教师能够明确唐三彩色彩、造型的价值所在，就会在教学中根据自己的需求适当选择，不会出现杂糅不清的问题。

选中一件合适的文物，在教学中运用起来是不是就万事大吉？也不尽然。同一个文物，其自身的特点也很复杂，史料价值也分散隐藏在不同地方，教学应用时，要经过好一番思索才行。以上述唐三彩的文物为例，一位教师在教学中讲唐代的文化，选中唐黑釉三彩马（中国国家博物馆藏），其本意是借用唐马的强壮俊逸反映"大唐雄风"。然而上课时，学生的反馈却是："为什么是黑色的马，唐三彩不是以黄、绿、青而著名的吗？这匹马本身有什么故事，否则只是一匹大马，有什么价值呢？"教师一下子被问住了。事后我们分析，认为是由于教师对文物的知识梳理不到位,漏选了部分重要信息,所以才出现这种学生理解不清、教师解释不清的情况。

教师究竟要怎样准备,才算对辅助教学的文物资料做到应备皆备?

针对以上问题,笔者在下编举十个例子,谈一谈自己对文物辅助教学的一些看法。笔者将从文物的发掘过程、文物自身的历史信息、文物与历史教学知识的关系、教学案例这几个方面来谈,主要侧重点在于解剖一个文物,明确如何使之从单纯的历史文物转化为辅助历史教学的文物史料。这些内容写起来很零散。关于教学内容的处理,不同教师都有自己的看法,见仁见智,还要与学情相结合。笔者由于水平有限,写作中深感词不达意,还请大家多多批评指正。

第四章　玉龙——史前文化多元一体的写照

一、文物介绍

龙是中华民族特有的文化符号，龙的形象在中华大地上诞生极早，形象千姿百态，最后汇为一个基本形象，影响至今不衰。龙是中国几千年文明发展过程中为数不多的贯穿始终的文化符号之一。龙文化是连接古今历史的一座桥梁，目前发现较早的龙的形象，以内蒙古自治区赤峰市出土的玉龙最为典型。

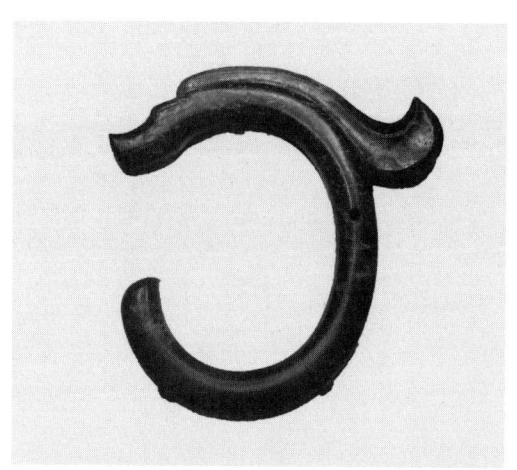

图4-1　玉龙，碧玉质，礼器，中国新石器时代（约前10000—前2000年）红山文化时期制作，高26厘米。1971年出土于辽宁省昭乌达盟翁牛特旗（今内蒙古自治区赤峰市翁牛特旗），现陈列于中国国家博物馆

(一) 发掘经过

珍贵的文物，其发现的过程大多比较富有传奇色彩。这件玉龙的现世，颇有一波三折的味道。它不是在科学考古发掘中出土，而是一名村民偶然发现的。据相关当事人回忆，1971年8月的一天下午，辽宁省昭乌达盟翁牛特旗三星塔拉（也作赛沁塔拉）嘎查村民张凤祥在村子后面的小山丘上为集体果园整修梯田的时候，意外发现了一个好像是人工砌成的石坑洞。在石坑洞的底部，张凤祥摸出一块像汽车上的拖钩一样的东西，质地坚硬，上面沾满灰褐色的泥土，看上去特别像一块生满铁锈的废铁，拿在手里沉甸甸的。该地属于草原地区，铁物件原本稀罕，当时一颗生锈的螺丝钉都会被捡起来收存，何况这么大一个"铁器"。本着勤俭持家的精神，张凤祥将其携带回家，放在自己家的小院子里。

他的弟弟张凤良是个小孩子，看到这个像铁钩子一样的东西，就拴了一根绳子拖着它和小伙伴们在村子里玩耍了起来。过了几天，锈迹斑斑的"铁钩子"竟然露出一丝光泽来，张家人赶紧把铁钩子放在亮处磨了磨，光泽处越来越多，一眼就能看出这不是铁家伙，而是玉石之类的玩意儿。只见它全身呈钩曲形，头部类似猪、鹿之类的动物，口闭嘴长，鼻端前突，上翘起棱，端面截平，有并排两个鼻孔，颈上有长毛，尾部尖收而上卷，看上去颇有气势。村庄中有识货的人发现这个"铁钩子"可能是一件文物，不能再让孩子玩耍，根据当时的社会风气，他建议把"铁钩子"交给国家保管。

翁牛特旗在这一带早就赫赫有名，在日伪时期这里就做过一些考古发掘，村民们多少也了解一点文物常识。1971年，正值国内政治运动风起云涌之际，很多人发现文物都是主动上缴国家。当然国家也不会白拿，都会发一点奖励性质的奖金。这奖金论起来，与当时人民的收入相比还不能算低。当张凤祥发现这是一件玉器以后，就带着它来到翁牛特旗文化馆，要给干部们看看。当时有些地方没有文物管理所，文物保管一类的业务归文化馆或者教育局管辖。一时间，文化馆的同志也不能确定这究竟是什么东西，是哪朝哪代的，有什么价值。张凤祥头一次去送时，还被文化馆拒绝接受。但是文化馆的同志也觉得它的确是个文物。不久，张凤祥第二次来到文化馆，再次上交文物。这次，由于被张凤祥的精神感动，文化馆里一位叫王志富的同志用30元钱征集了这件文物，办了入库登记手续之后，把它锁到了文物保管箱里。1971年的30元钱不是一个可以忽略不计的数目，一个县文化馆的普通干部一个月的工资可能也就是三四十元钱的水平。另外，一个县文化馆可以用于收购文物的经费也不是很多。30元钱，对于一个牧区的村民，应该算是比较可观的收入了。于是有意无意间，王志富同志为保藏国宝立下一功。这件事在当时很快就过去了，拿到奖金的张凤祥，也就把这件事的前前后后、具体经过，甚至发现文物的具体位置，都忘记得差不多了。

1973年，长期致力于红山地区文物考古研究的刘观民研究员开始注意到这个"铁钩子"，对它进行了初步研究，并将此事上报辽宁省相关部门。不过由于当时的条件限制，专家们虽然相当关注，但是也没有取得很大的研究突破。转眼十几年过去，1984年，在距翁牛特旗一百多里地的辽宁省凌源县（今凌源市）和建平县交界处的小山包——牛河梁，辽宁省考古队员在系列的考古发现中，发掘了一座古墓，该墓葬保存完好，在古墓主人的胸部摆放着两个精美的玉器。经过仔细辨认和研究，考古队员认为它们是红山文化时期的玉猪龙。消息传出，大大振奋了辽宁、内蒙古一带的历史、考古学术界，这被认为是华夏文明考古的一大突破。玉猪龙更是成为标志性的文物精品，媒体对此进行了广泛深入的报道。这件事情使得时任翁牛特旗文化馆负责人的贾鸿恩对本馆馆藏的玉器也展开了进一步研究。王志富1971年收藏的这件玉器，因为其硕大的体量、奇特的造型，加上与牛河梁玉猪龙相似的特征，立即引起大家的关注。但是由于种种原因，翁牛特旗相关方面还是拿不准这件玉器究竟价值如何。最后大家决定乘火车赴北京，请教北京大学的苏秉琦教授。

苏教授一直致力于红山文化的相关科学发掘工作的指导，看见这件玉器后立即给予高度评价，认为它不仅仅与牛河梁发现的玉猪龙一样是重要的红山文化遗物，更因其独特的造型与纹饰，地位要超越前者。此后，相关专家经过研究，也纷纷对翁牛特旗的这件玉器发表意见，正式确认它大约在5000年以前制成，属于红山文化玉雕龙。遗憾的是，当年的发现地已经无从找寻，一些相关的信息也荡然无存,原来可能有更大的考古发现,现在只能付之阙如,徒唤奈何。

玉龙历经几千年的岁月侵蚀,在重现人间后也是几番磨砺,总算安然无恙,殆有天护!现在其已经调入中国国家博物馆收藏。

(二)文物介绍

翁牛特旗出土玉龙后,在内蒙古自治区东、辽宁省西的红山文化遗址区域内,又有类似形状的几件玉器被发现,大都是体形呈字母"C"形的玉龙,有别于牛河梁等地出土的几乎首尾连接、呈"O"字形的玉猪龙。

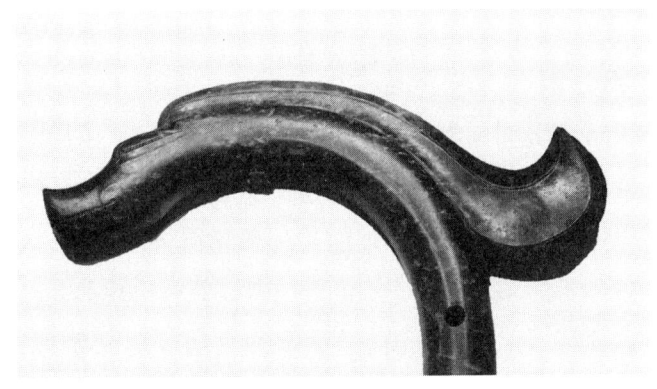

图4-2 红山玉龙头部特写

而翁牛特旗这件玉龙的特点是:玉龙通体墨绿色,为辽宁岫岩碧玉玉质。体蜷曲,平面形状如一字母"C"形,通高26厘米。龙首较短小,吻前伸,略上噘,嘴紧闭,鼻端截平,端面近椭圆形,以对称的两个圆洞作为鼻孔。龙眼突起呈棱形,前面圆而起棱,眼尾细长上翘。颈背有一长鬣,弯曲上卷,长21厘米,占龙体三分之一以上。鬣扁薄,并磨出不显著的浅凹槽,边缘打磨得较锐利。龙身大部分光素无纹,只在额及腭底刻以细密的方格网状纹,网格突起作规整的小菱形。玉龙以一整块玉料圆雕而成,细部还运用了浮雕、浅浮雕等雕刻手法,通体琢磨,较为光洁,玉龙的重心位置有一孔,用绳穿孔吊起则首尾处于同一水平线上垂直平衡,呈现直立状态,明显是有意为之。

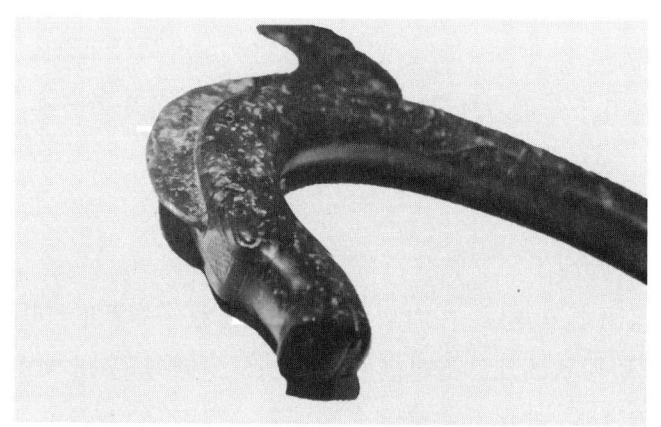

图4-3 玉龙头顶部特写,额部可清晰看到网状纹

(三)文物分析

翁牛特旗出土的这件玉器,通称红山玉龙。它的出现,使得中华文化中的"龙"文化变得更加丰富多彩,同时也增加了许多值得探索的新问题。

龙一直是炎黄子孙的图腾信仰,但是一般情况下提及龙,大家更多想到的是黄河流域的文明。孰料在华北地区的东端,竟然出现如此成熟的龙形器物以及对龙的崇拜文化。那么红山玉龙和华夏文明以及炎黄子孙之间是一种怎样的关系?

红山玉龙已经具备后世"龙"形象的基本要素,这一点从其形状与今天留存的龙的形象的对照足以看出,毋庸赘述。玉龙身上应重点关注之处,在于其通身用玉制成,地位尊贵,而且中间穿孔,用绳索系住后,无论是挂在人的身上(大家都认为该玉器体量硕大,不适合佩戴在身上,然而它也有可能被佩戴在神像上),还是悬吊在人类建筑内,都是呈直立状,也显露出某种尊贵的气息。无论怎样解释都很难排除其与人的精神崇拜有关的可能性。反倒是在河南濮阳发现的贝壳堆塑的龙形,只是塑在死者的身边,状似死者的扈从或者接引死者去另外一个世界的使者。那么,红山玉龙与中原地区贝壳堆塑的龙两者之间究竟是什么关系?这牵涉到中华民族早期起源的许多重大问题。

第四章 玉龙——史前文化多元一体的写照

从近代开始，中国历史研究引进西方的研究方法，开展史前考古，到今天，已经发掘将近一万处史前人类活动遗址或遗迹，时间跨度从距今100万年前一直延续到距今4000年前后，所取得的成果极其丰富。但是，考古发掘越到后来，越接近古代史籍记载的传说时代，越让人感到困惑与痛苦：学者无法将丰富的考古发掘成果与中国古代传说时代一一对应起来，不能给予传说的历史时期与历史人物一个确定的说法。一些学者曾尝试把历史传说同考古资料结合起来，如说仰韶文化是夏文化，或者说龙山文化是夏文化，或者把炎黄时代、尧舜禹时代与夏代分别同新石器时代早中晚三期相比附，或者把新石器时代晚期与黄帝、炎帝、尧舜禹一一关联起来。这种尝试虽然让人振奋，不过一旦严格按照考古学与历史学的要求来做，又使人心有余而力不足。但是不管大家怎样猜想，人们一般把炎黄部落定位在陕西、山西、河南这一带，也就是黄河中下游。红山文化的发现，尤其是大量玉器，包括礼器、兵器等的出土以及其对龙的形象的成熟表现，竟然更加类似中国古代记载中的黄帝的事迹。这迫使学术界不得不再次考虑，司马迁在《史记》中记载的周初"封黄帝之后于蓟"这个信息究竟应该如何看待？

北京大学严文明教授认为："由于原始农业的发展，带动了经济、文化和社会的全面发展，使得中国的两河流域（长江中下游和黄河中下游）不但是世界上少数几个农业发源地之一，而且是世界上最先进入文明社会的少数几个地区之一。根据最新的研究，这个地区的新石器时代文化至少还可细分为两大期和五小期。大约以公元前3500年为界，前期为典型的新石器时代，可分早中晚三小期；后期为新石器时代到青铜时代的过渡时代，考古上称之为铜石并用时代，可细分为早晚两期。把这个分期同传说资料相比照，我初步认为黄帝、颛顼、帝喾的时代大体相当于铜石并用时代早期，尧舜禹的时代大体相当于铜石并用时代晚期，而夏代则是从青铜器时代开始的。"（见严文明：《炎黄传说与炎黄文化》，《协商论坛》2006年第3期。）

应当说，严文明教授是比较严谨的，但同时又大胆地推测了中国传说时代与考古发掘成果的一一对应关系。问题是，假如传说中的"炎黄"或"五帝"是真实存在的，那么时间大概在什么年代？他们具体的活动范围与影响范围又在哪里呢？先行者已经做了有益的探索，后学者当紧随而上，力争解决这个问题，这也将为中华民族的历史研究加上浓墨重彩的一笔亮色。

二、教学运用

红山玉龙是极为精彩的一件文物。在史前阶段历史的教学中，若运用得当，它足以使我们的教学活动熠熠生辉。但遗憾的是，在历史教学中很少有一线教师进行这方面的尝试。究其原因，可能是一线教师对这一段历史不太清楚或者感觉在教学中把握不住。

（一）教材相关问题解析

《普通高中历史课程标准（2017年版）》中，特别强调要了解中华民族多元一体化的文明发展趋势。它要求"通过了解石器时代中国境内有代表性的文化遗存，认识它们与中华文明起源以及私有制、阶级和国家产生的关系；通过甲骨文、青铜铭文及其他文献记载，了解私有制、阶级和早期国家的特征"。应当说这一要求在史前历史的教学中对教师与学生都有很好的指导作用。事实上，教师在一线教学中，也感觉石器时代的文化遗存与传说时代的历史无法一一对应起来。因而教学中出现了一些问题，比如，如何才能算作一体？再如，多元究竟是指大家各自发展、各有特色，还是指齐头并进、普遍繁荣？

另外，大家有一种根深蒂固的理念，就是仰韶文化才是中华文明最核心的部分。以前的历史就是这样写、这样教的，大家后来的历史认识也与之相一致，因为黄帝与尧舜禹时期的发展、夏商周的建立等在教材中紧随其后。两者这样顺接，很自然地就被认为是多元最终归于一体，而这一体就是黄河中下游仰韶文化的继承者。不能说这种认识不对，但它还是模糊了多元与一体之间并列的关系。对于多元，我们应该给予更多的重视，否则又会陷入中华文明"中心—外围"的固有思维中去。

大家可以看一下表4-1，体会一下新石器时代晚期的文化繁荣景象。

表4-1 中国新石器时代晚期部分文化情况简表

	仰韶文化	龙山文化	红山文化	良渚文化	齐家文化
时间跨度	距今7000—5000年	距今4500—4000年	距今6000—5000年	距今5300—4300年	距今4200—3600年
文化特色	石器与陶器发达，有城址	铜石并用，有城址	玉器发达，有神庙类建筑	玉器发达，有城址	铜石并用，有大型城址
特色器物	彩陶盆	黑陶杯	玉龙	玉琮	铜镜
影响范围	陕西、河南、山西、甘肃、河北、内蒙古、湖北、青海、宁夏9个省区	主要分布在山东半岛，河南、山西、河北、辽东半岛、江苏也有	北起内蒙古中南部地区，南至河北北部，东达辽宁西部	环太湖地区	地跨甘肃、宁夏、青海、内蒙古等省区

从表4-1可以看出，新石器时代末期，今天中国境内各种文化异彩纷呈，各领风骚，难分伯仲。应当说，这种多元文明的发展，正是中华民族伟大文明源远流长之所在。在教学中展示这样的数据与图表可能是枯燥乏味的，但如果使用各种文化的代表器物，则可以更好地帮助学生认识理解中华文明的源头。红山玉龙可能是这些代表器物中最具震撼性与趣味性的一种，教学使用时效果会更好。

不过也有奇怪之处：以上发达的各地文化，在后来，也就是即将迈入文明时代门槛时，很多突然消失了。最终崛起并发展壮大，聚集汇成华夏文明的是仰韶文化与龙山文化共同影响下的中原文化，它最接近黄帝时代的传说。红山、齐家等文化的最终发展历程与结局，暂时不为人们所知。有人猜想是重大自然灾害，如气候变化、地震等原因使得他们中断了，但是也都很难解释这些文化的衰落。倒是对中原文化的兴起大家有比较接近的看法，那就是在当时黄河中下游地理环境最适宜农业发展，因此最终以发达的农业文明引领了中华文化的发展。

（二）教学价值

中国史前历史的相关内容一直在教材中占有很大分量，这些介绍中华历史源头的内容，可谓事关重大，不可小觑。

首先，它是历史学习的起始课，对之后的历史教学有一定的影响力，对激发学生学习历史的兴趣尤其重要。但是目前教学中，大家都比较重视历史学习的"科学性"，在趣味性上用力不足。教师生怕学生学会用野史的路子来看待历史，妨碍将来的学习，结果却将学生对历史"趣味性"知识的需求直接扼杀，得不偿失。这一点希望一线教师在以后的教学中一定注意。

其次，这一段历史学习起来本身就很困难，多元文明在时间上大段重合，其细节上的差异则难以分辨，这都让学习过程变得很难。其实教材使用者可以多增加一些形象化的内容，鼓励学生去思考、去假设，这样将充分体现教师的引领作用。

就史前文明这一阶段的教学而言，除了个别"历史控"学生，一般的中学生很难对遗址的考古发掘简报产生学习兴趣。但是中学生又必须学好这一部分，因为里面包含重要的历史认识方法和历史学习原则，需要他们在起始课里就掌握。那么很明显，将枯燥的内容形象化是一个不错的教学方法。

（三）教学运用

玉龙在教学上可以起到三个作用。其一，展现远古时期中华文化的多元发展，其精彩之处令后人惊叹。无论是玉龙的形象还是玉龙的生产制作，都是集合了远古先民巨大的智慧。我们很难想象在远古简陋的生产加工条件下，先民是怎样克服困难，制作出今天看起来都精彩绝伦的玉器的，其中的勤劳与智慧，足以让后世敬仰。其二，帮助学生对中华民族的前身——炎黄部落乃至华夏族的发展与成就有一个客观公正的认识，有利于学生克服历史学偏见。中国历史学习有一个一以贯之的认识理念，那就是统一多民族国家的发展是中国历史发展的主要趋势，在这个理念下，各个民族都为中华文明的发展做了自己的杰出贡献。这一点，在远古时期就已经露出端倪。龙文化，虽然不是历史教学的主要内容，但是它处于中华文明的表层，对于中华民族而言,龙的传人属于基本的民族认同。其三,学习龙的相关知识,将有助于学生更好地学习与吸收中华优秀传统文化,增强民族认同感,有利于传统文化教育的开展,能很好地起到多学科共同促进中华优秀传统文化的教育与传播的作用。这是历史学科所特有的优势。

当然,好的构想还需要通过好的教学设计来实现,试看以下几个案例。

案例一

阅读以下材料,并回答问题。

材料一

2003年,一批考古队员来到内蒙古自治区赤峰市敖汉旗的兴隆洼文化遗址。兴隆洼文化遗址是目前内蒙古自治区及东北地区发现的时代较早、保存最完整的原始村落,经过碳14测定,兴隆洼人生活在距今8000年以前,是红山人的先辈。2003年10月21日,在兴隆洼文化遗址的一处现场,考古队发掘出一个面积为4平方米的灰坑。在灰坑里,考古人员清理出了6个存放食物的窖穴。清理完6个小坑之后,他们发现中间还有一个大的灰坑被这6个小坑紧紧环绕。考古人员将大坑中的灰土清理干净后,发现了一个意想不到的东西:一个由许多石块和陶片组成的S形动物静静地躺在那里,很明显,这是一条距今8000多年的龙的形象。更让人吃惊的是,在这条龙的头部位置,竟然摆放着一个野猪的头骨。生活在8000年前的兴隆洼人为什么会用野猪的头充当龙的头呢?

材料二

在辽宁省朝阳市建平县曾采集到一件玉器,后来被命名为"玉猪龙"。它由白色蛇纹叶岩制成,肥首大耳、圆睛、吻部前突,口微张,獠牙外露,体蜷曲如环,扁圆厚重,背部有一穿孔。玉猪龙往往出土于墓葬中,而且成对佩戴在墓主人胸前,是社会地位、等级、权力的象征,是按照一定规格制成的原始"礼器"。玉猪龙是红山文化玉器的代表作,这件玉器是已知红山文化玉猪龙中形体较大、形制最规整的一件。现收藏于辽宁省博物馆。

材料三

1971年在三星塔拉发现的玉龙，在被忽视了十多年以后被正式认定：这是一件可以上溯到5000年以前，由当时的红山人精心制作的玉器，是"中华第一玉雕龙"。玉雕龙为碧绿色，高26厘米，身体呈英文字母"C"的形状，因此被命名为C形玉雕龙。后世龙的形象中包含有某些动物的足、爪、角、鳞等元素，而红山出土的这件C形玉雕龙无足、无爪、无角、无鳞，它代表了早期中国龙的形象。

材料四

汉代是玉龙造型的真正定型期，在形式上达到空前的高度。汉代美术整体上具有雄深雅健的风格，汉代玉龙也在战国时期自由奔放、生机勃勃、姿态万千的形态的基础之上，呈现出尊贵威武之态、翻云覆雨之势。汉代玉龙开始出现四肢，形若走兽，四肢关节处以密集排列的游丝阴刻线来表现腿毛。龙爪多呈团球状，一般为三爪，长尾翻卷，多分叉，少数龙身躯上出现双翼，称之为应龙。头部较长，眼部多为丹凤眼。眼睑部位多为双阴起阳雕工，眼梢拉长。龙睛微凸，口部大张，斧形嘴，上下各雕出一颗尖齿，部分呈吐舌状。龙的耳部为云形耳，部分玉龙出现长而分叉的角。

通过以上在相近地域发现的不同时代的龙文物的介绍，你发现龙形象的变化有一种什么样的规律？谈谈你对这种变化规律的认识。

案例二

阅读以下材料，并回答问题。

材料一

红山玉龙为勾曲形，口闭吻长，鼻端前突，上翘起棱，端面截平，有两个并排的鼻孔，脖颈上有长毛，尾部尖收且上卷，形态酷似甲骨文中的"龙"字。玉龙呈墨绿色，身体蜷曲，平面形状如一字母"C"形。

第四章 玉龙——史前文化多元一体的写照 | 059

图4-4 红山玉龙

材料二

1987年在位于河南濮阳西水坡的仰韶文化遗址中,人们发现在一个墓室中部的壮年男性骨架的左右两侧,有用蚌壳精心摆塑的龙虎图案,龙图案身长1.78米,高0.67米,昂首、弓身、长尾,前爪扒、后爪蹬,如腾飞状。虎图案身长1.39米,高0.63米。虎头微低,虎目圆睁,张口露齿,虎尾下摆,四肢交替,如行走状。

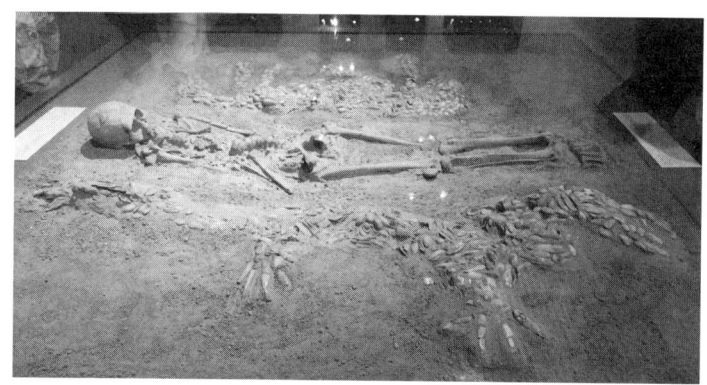

图4-5 河南濮阳蚌塑"龙虎"墓(中国国家博物馆藏)

请就两条龙的形制、功用,谈一谈你对红山文化和仰韶文化,以及两者之间关系的认识。它们对后世文明发展有什么影响?

第五章　鹰形陶鼎——深度探寻早期文化交流

鼎在中国历史上是由实用器转化为礼器的典型器物之一，早期是普通的炊煮器，后来演变为贵族权力和身份的象征。它的造型常见的有方形或者圆形，体形硕大，纹饰庄严，多成组出现，构成一定的象征意义。方鼎和圆鼎比较常见，但是也有造型比较独特的鼎，比如鹰形陶鼎。鹰形陶鼎以鹰的体态为造型，构思巧妙，形象独特，成为古代文物中独具魅力的珍品。

图5-1　鹰形陶鼎，灰陶质，炊煮实用器，器盖缺失，新石器时代仰韶文化时期（约前5000—前3000年）制作，高35.8厘米，口径23.3厘米，整体造型为一只鹰。1957年出土于陕西省华县（今渭南市华州区），现陈列于中国国家博物馆

一、文物介绍

（一）发掘经过

1957年，中国大地掀起农业建设高潮，号召科学种田，强调良种、良法和肥

料、农药的施用。为响应号召,陕西省华县(今渭南市华州区)开始大规模农田改造。华县城东柳枝镇附近有个太平庄,地处华山脚下、渭河南岸。当地群众也积极响应上级号召,开展农田改造。这天,太平庄的一位农民殷思义正在村东田间用双轮双铧犁深翻土地,不料犁铧碰上硬物受阻,他以为是地里的石头,万分心疼自己的农具受损,就准备将石头挖出来。谁知挖开犁松的虚土,却发现土中有一件表面颇为光滑的鸟一样形状的陶器,基本完整,但是也发现了几块碎片,可能是器物有破损。当时人对文物的认识仅限于金银财宝,这类东西的价值不被大家看好。殷思义看着这东西不赖,本着物尽其用的原则,随手将同出的碎陶片埋回原处,陶器则带回家做了鸡食盆。这就是后来闻名于世的鹰形陶鼎,但他当时并不知道自己挖到了一件国宝。在之后近一年的使用时间里,虽然鸡啄狗啃,却如有神明庇佑,陶器保存完好。

1958年秋,国家决定全面实施黄河水库工程(三门峡、刘家峡等一系列黄河中上游水库、灌区等工程的总称)。为配合基础设施建设,国家派出专人在甘肃、陕西、河南等省涉及库区建设的地方进行大规模的田野文物调查与保护发掘。此后不久,以北京大学历史系考古专业师生为主组成的黄河水库考古队华县队在华县发现了著名的泉护村遗址。考古队两次进行发掘,发现泉护村遗址以仰韶文化庙底沟类型为主要内容,是该类型一处颇具代表性的遗址。它是紧密衔接仰韶文化与龙山文化的过渡性质的文化,同时还提供了该类型文化发展去向的重要物证,堪称我国原始社会时期历史遗迹的一次重大发现。

考古队在发掘泉护村遗址的同时,还在附近村庄做调查工作,向农民宣讲文物保护知识。太平庄与泉护村相邻,两个村庄村连村,地连畔。殷思义了解了考古队的工作内容,就主动向来村里调查宣传的考古队员讲了自己曾挖出一件陶器之事,并将鹰形陶鼎送给考古队。考古队遂组织人手,在出土地进行考古发掘,发现了一座成年妇女的坟墓。墓穴中的随葬品不少,但是价值没有超过此鼎之物。此鼎一面世,顿时轰动全国。考古队对其进行研究后,将之上交国家,现藏于中国国家博物馆,并被列入《首批禁止出国(境)展览文物目录》,其价值可见一斑。

（二）文物介绍

介绍对鹰形陶鼎是一件麻烦事。它的造型不像其他的文物那样形制比较规范，而是特立独行。这里笔者引用中国国家博物馆的官方说明介绍它：

> 此陶鼎采用伫足站立的雄鹰造型。鹰体健硕，双腿粗壮，两翼贴于身体两侧，尾部下垂至地，与两只鹰腿构成三个稳定的支点。鹰眼圆睁，喙部有力呈钩状，结构简洁，威武雄壮，彰显出一种强大的张力。鼎口设置于背部与两翼之间，紧密结合似背抱状，将鼎形器物特征与鹰的动物美感巧妙地融为一体。
>
> 鹰形陶鼎是原始艺术与实用功能完美结合的典范，是远古时期不可多得的雕塑艺术珍品。仰韶文化以精美彩陶而著称，鹰形陶鼎的问世表明此时的人们不但擅长彩绘图案的创作，在造型艺术方面也有很强的实力。

参与泉护村遗址发掘的张万钟先生在《鹰鼎出土追记》中称鹰鼎："设计巧妙，比例相宜，造型优美，制作精致，至今仍是国内少见的珍品。它是五千年前我们祖先聪明智慧的结晶。"

以鹰形陶鼎为代表的动物造型陶塑开启了商周时期鸟兽形青铜器造型之先河，后者如河南安阳殷墟妇好墓出土的鸮尊，举世闻名。

鹰形陶鼎曾经当过申奥大使。1993年5月，中国第一次申办奥运会，鹰形陶鼎由时任国际奥委会主席的萨马兰奇先生亲自挑选为中国的"申奥大使"，并出国展览，受到世界人民的欢迎。此后，在2002年，它被列入《首批禁止出国（境）展览文物目录》。

但是，早期也有学者认为，该鼎亦可视为尊，又判断其形状为鸮，故名之为"鸮尊"。学术界目前基本上不再提这种说法。

尽管大家都认为这个鸟形物为鹰，但是其形象究竟是雄鹰还是雏鹰，笔者也有一点浅见。持雄鹰论的学者，依据见上述的文物介绍。笔者认为此鹰也可能是雏鹰，这主要是从圆形的器物外形、浑圆短粗的鹰腿、蹼状的脚爪，以及面部表情的稚嫩可爱推断。

第五章　鹰形陶鼎——深度探寻早期文化交流 | 063

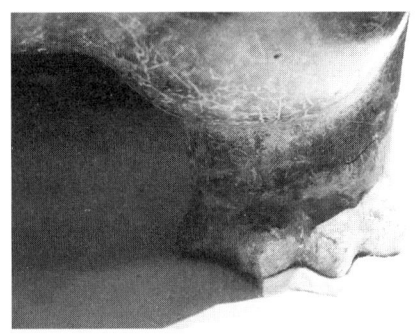

图5-2　鹰形陶鼎足部

图5-3　鹰形陶鼎面部

（三）文物分析

鼎作为我国先民的一种炊器，早在新石器时代就已经大量出现，而且造型比较统一，多为圆腹有盖、三足分裆，下生柴火，以煮食物。在浙江良渚文化遗址中出土的陶鼎，器形就比较标准，不过它的鼎足颇具地方特色，呈鱼尾或鱼鳍状，很是可爱。兹附图于后，供大家参考。

图5-4　良渚文化陶鼎（中国国家博物馆藏）

随着后世文明的进步，鼎出现了圆鼎与方鼎两种类型。而今天我们看到的鹰形陶鼎却不一样，是用一只鹰的形象来构造的，利用鹰的胸部和身体构成了鼎身，而用鹰的两只爪子和尾巴共同构成了鼎的三足，整个形象稳固有力。这个鹰形陶鼎与其说是一个实用炊具，不如说更像一件雕塑艺术品。

我国考古发现的陶塑作品目前最早的距今约六七千年，它们基本上是一些手工捏制的小型器物，没有什么实用价值。它们造型朴拙，多为当时人们驯养的动物形象。随着社会文化的发展，后来出现了一些兼具实用性和艺术性的器物，器形变大，塑造的手法也显得比较成熟，和今天人们认为的艺术品没有很大的差异。在目前已经发现的数以千计的作品中，以鸟类为造型的陶器仅存数件。例如江苏梅埝遗址所出的良渚文化陶水鸟壶，壶身浑圆略长，为一水鸟形状，尖嘴圆眼，头低尾高，尾部为出水之处，做蹲踞河边正欲入水捕食的动作，十分传神，显示出一定的艺术价值，实属罕见。至于以鹰形象为外形的鹰形陶鼎更是只有这唯一一件存世，它堪称原始制陶工艺的杰作。

据先秦文献记载的传说与夏、商、周立都的范围，汉族的远古先民大体以西起陇山、东至泰山的黄河中下游为活动地区，主要分布在这一地区的是仰韶文化和龙山文化这两种类型的新石器文化，它们一般被认为是华夏文明的前身。仰韶文化是一种以农业为主的文化，这个时期的人们过着定居生活，拥有一定规模的村落。他们以原始农业为主要经济形式，兼营畜牧、渔猎和采集，主要的生产工具是磨制石器，主要的生活用具是陶器。渭南市华州区，属于仰韶文化庙底沟类型，出土的彩陶器型主要是大口小底曲腹盆和碗，风格挺秀饱满、轻盈而稳重。

前面说到以鸟类为器型的陶器在中原地区考古史上不多见，以猛禽为器型的则更是少之又少。但是在渭南市华州区还出土了一个鸮面陶器盖，眼与头顶处雕琢出成排的羽毛纹，圆圆的眼睛与勾喙那强韧有力的轮廓线，也很好地表现出猛禽的特征。这种器物总数虽少，但是华州区一地却至少有两个，这些鸟、兽形体的器物在当时的社会生活中可能具有宗教或礼仪的意义，商、西周时期的青铜鸟形礼器在造型上与这些陶器有明显的继承关系。这无疑反映出华州区一带在远古时期的一些社会特征。

第五章　鹰形陶鼎——深度探寻早期文化交流 | 065

图5-5　商代"妇好"青铜鸮尊（中国国家博物馆藏）　图5-6　西周青铜鸭尊（中国国家博物馆藏）

众所周知，定居的民族多以农耕为生，虽然也从事渔猎，但只是作为补充。农耕文明在土地、植物、水源等方面有一定的偏好，或许水中的鱼儿、天上的飞鸟也会被农人关注并在生活中复现，但是他们一般不会对猛兽、猛禽有所关注，因为这些猛兽、猛禽只会给他们的生产生活带来灾难。鹰作为猛禽的代表，只会是农人避之犹恐不及的形象，那么它怎么会堂而皇之地登上农耕文明的器物呢？

游牧民族逐水草而居，喜欢狩猎，对他们而言，征服猛兽、猛禽虽然有一定的危险，但是这往往代表着人类的勇敢、勇猛，所以他们喜欢猛兽、猛禽。在他们的文化中，如岩画、雕塑、配饰上，处处可见猛兽、猛禽的图案与造型。鹰可以成为狩猎的帮手，尤其为他们所喜爱。但是游牧民族四处奔走，居无定所，不会使用笨重、易碎的陶器，尤其是鼎之类的炊具。他们做饭以烧烤为主，多使用木容器、皮囊盛液体。那么他们怎么会制造一个鹰造型的鼎呢？

为什么这种鼎又只发现了一件呢？

这是一个值得思考的问题。

二、教学运用

（一）教材相关问题解析

《普通高中历史课程标准（2017年版）》原文"早期中华文明"项下，有这样一句话："通过了解石器时代中国境内有代表性的文化遗存，认识它们与中华文明起源以及私有制、阶级和国家产生的关系。"

鹰形陶鼎的独特造型，以及所处的文化类型的典型性，都证明它就是一种"有代表性的文化遗存"，我们必须要很好地掌握它本身反映出来的资料信息。人教版历史教材中，与之相关的课程，分别是七年级上册第一课《中国早期人类的代表——北京人》、第二课《原始农耕生活》、第三课《远古的传说》。高中历史必修（一）中第一单元《古代中国的政治制度》开篇部分也略有提及。这些内容中都没有鹰形陶鼎的相关介绍，那么鹰形陶鼎在我们中学历史教学中有什么重要的价值呢？

我们首先看鹰形陶鼎作为"有代表性的文化遗存"的相关内容：鹰鼎的制作时间大约在新石器时代仰韶文化时期（约前5000—前3000年），但是它与常见的仰韶文化器物的形态有很大的区别。它的外部造型与周边文化的同种器物造型完全不同。它具有这种独特性，会不会是因为它是先民偶然为之的游戏之作？目前从其硕大的外形、做工的精细程度与使用痕迹之稀少来判断，答案是否定的。鹰形陶鼎不仅不是先民偶然无意创造出来的作品，而且是刻意精心设计、制作、加工出来的重要器物，其生产过程应该相当费力，成本很高。专门制作这样一个当时的"重器"，一定是因为其有独特文化内涵，它甚至有可能是用于祭祀的器物。它最后还被殉葬在一座成年女性的墓葬里，这说明墓葬主人的身份地位不简单。

如果我们认为鹰形陶鼎是先民有意加工制作的贵重文化器物，那也有一系列问题存在。它是其发现地生活的先民制作的吗？如果是，为什么它与同期相邻地方出土的器物一点都不像？比如，它的黑陶材质、它的鸟形造型，都是当地少见的器物特点。很明显，这个问题不解决，这个"有代表性的文化遗存"的帽子还不能戴在它的头上。当地陶器遗存很多，材质大都是灰陶，而且器形统一、规整，是用泥条盘筑而成。器形以方、圆二型为主，少见不规则形态。所以基本可以确定，鹰形陶鼎不是在发现地生产制造的，而是外地流入的物品。既然不是本地所产，它是从哪里来的呢？它又是怎么来到此地的呢？为什么它会被存放在这座墓葬里呢？笔者猜测，鹰形陶鼎很可能是由周边另一个文化地区流入，那个地区流行鸟类尤其是猛禽的文化，并且手工业制作有很高的水平，这一点可以从鹰形陶鼎外壁塑造的规整程度、材质烧制的坚硬程度得到验证。这样一个文化族群，在与此地族群交往的过程中，应该具有更大的主动性。鹰形陶鼎也不会是因为非正常手段，如掳掠、缴获、丢失而流落到此处，而应该是交换得来的。两个文化族群的器物交换，就是交流与融合的开始。很明显，鹰形陶鼎是某种外来文化与仰韶文化交流的产物，两种文化互相融合、互相学习，最后促成共同的发展。农耕文化的产生与人类向文明社会的过渡，就是这样展开的。

不过，教师在教学中要怎样实现这个教学意图呢？笔者认为还是先研究一下学情吧！

（二）教学价值

我们在历史教学中应该强调以下几点。

第一，历史的连续性。我们知道，古代中华文明是当代中华文明的来源，当代中华文明是古代中华文明的延续，两者虽然时代不同、发展程度和状况不同，但基本内容和结构有一致性。因而要想了解今日的中华文明，就必须了解古代的中华文明。

第二，历史的人文性。现在人们越来越意识到，历史学也应该以人为中心，以有利于人的全面发展为目标开展研究，因而历史学越来越具有人文化的特征。中国古代史是中华各民族人文思想发展的历史，中华文化在人生体验和人格发展方面积累了极为丰富的经验，是生活在当今的中国人取之不尽，用之不竭的文化资源。我们要建设社会主义精神文明，不能不从中国古代史中汲取营养。

第三，历史的整体性和综合性。任何一种社会现象、行为方式、思想意识，都是由诸多因素促成的。要了解这种社会现象，认识这种行为方式，理解这种思想意识，单纯从某一个因素出发做线性思考是不行的，还必须了解使它形成的其他诸多因素及其相互关系。如果说，由于当今世界许多事物还处在发展过程中，难以直观地看出使问题产生的全部因素及其相互关系，那么了解历史现象就要方便多了。因此，学习诸多因素作用下某种社会现象、行为方式和思想形成和发展的历史，可以对理解今天的问题起到借鉴和帮助的作用。学习中国古代史必须要学习它整体性和综合性的特点。

第四，历史教学要贴近生活，应以生活为出发点，从对今日生活的感受出发，从今日的角度来看待历史。

以上几条从学生的实际需要出发，适应他们的学习兴趣和理解能力，与现代教育中"增加贴近学生生活、贴近社会的内容，有助于学生的终身学习"的要求是一致的，也符合初中历史教学提高国民素质的目标要求。

初中的中国古代史课程应该讲些什么内容，以什么线索来统筹所教的内容，这是必须首先解决的问题。

就鹰形陶鼎这个文物来说，它对初中生有一定的吸引力。第一，它很漂亮，符合中学生的审美；第二，它是国家一级文物，是首批64件不得出国展览的国宝之一；第三，它和仰韶时代的其他物品相比，拥有鹤立鸡群一般的地位，内涵极其丰富，值得学生好好探究，探究完会很有收获。

关键是教师在课堂上怎么运用它。

（三）教学运用

鹰形陶鼎在教学上可以起到以下四个作用。

第一，贯彻《义务教育课程标准（初中历史）》的指导意见，以历史情境的描绘为手段，引导学生理解"原始农业兴起的标志与意义"这个教学难点，加深对教材的认知与理解。

第二，突出仰韶文化所代表的文化阶段。属于仰韶文化的鹰形陶鼎，在古代雕塑手法、制陶工艺方面达到的境界令人叹为观止。通过它，可以教会学生认识我们的祖先在生产劳动中表现出来的智慧与成就，使他们产生崇敬之情,培养他们对祖国悠久历史的认同和对中华民族悠久历史的尊重。

第三,培养学生观察文物、分析文物的方式、方法,培养学生以史料作为实证、以问题为导向层层递进分析历史事实的历史素养及学研能力。

第四,培养学生在历史学习中获得大胆质疑的勇气,使他们学会多方求证的方法,培养学生敢于打破固有藩篱,大胆创新的史学精神。

具体做法如下。

案例一
小活动 探寻彩陶世界

阅读以下材料,并分析问题。

仰韶文化因在河南省渑池县仰韶村发现而得名,它的年代范围大约在距今7000至5000年之间,范围遍布陕南、晋南、豫西,并向外扩散。其农业、畜牧业、制陶业都已有相当程度的发展。农业以种植粟为主,畜牧业主要饲养猪、狗,制陶业则以表面有彩绘的彩陶最著名。

据考古研究,我国在8000年前便发明了制陶技术,是世界上最先烧造和使用陶器的国家之一。仰韶文化地区是我国新石器时代陶器发展达到鼎盛的地区之一。当时的人们逐渐改进制陶工艺,从素陶到彩陶,烧制了大量各具特色、异彩纷呈的陶器。

仰韶文化彩陶纹饰的发展从写实到抽象,符合人类认识世界的客观规律。人类在认识世界的过程中,首先感到的是真实的世界,天上的鸟、水中的鱼、山上的树、地上的草,无不栩栩如生。之后则出现了诸如从鱼纹到菱形、从花草到不同的弧形变化等各种各样从写实形象发展而来的抽象纹饰。因此,由彩陶所反映的远古艺术可以了解中华民族的祖先认识世界的过程。

半坡人面鱼纹彩陶盆由细泥红陶制成,敞口卷唇,盆内壁用黑彩绘出两组对称的人面鱼纹。人面呈圆形,神态安详,嘴旁分置两个变形鱼纹,鱼头与人嘴外廓重合,加上两耳旁相对的两条小鱼,构成形象奇特的人鱼合体。目前学术界对于人面鱼纹的研究已经有了近30种观点,主要有图腾说、神话说、祖先形象说、原始信仰说、摸鱼图说、原始历法说等,甚至还有外星人形象之说。

图5-7 半坡人面鱼纹彩陶盆(中国国家博物馆藏)

鹰形陶鼎,灰陶质,炊煮实用器,器盖缺失,新石器时代仰韶文化时期制作,高35.8厘米,口径23.3厘米,整体造型为一只鹰,形神兼备,灵动传神。1957年出土于陕西省渭南市华州区,现陈列于中国国家博物馆。

结合上述材料,尤其是半坡人面鱼纹盆的介绍,谈一谈你对鹰形陶鼎的造型有怎样的历史认知?

案例二

阅读以下材料,并分析问题。

材料一

鹰形陶鼎出土于一座成年女性墓葬,与其一同出土的物品还有十多件骨匕、数件石圭、石斧及一批生活器皿等。石圭、骨匕等物品通常作为礼器来使用。鹰鼎与它们放置于同一墓内,形式与众不同,可能与当时的祭祀活动有关。

材料二

定居的民族大多以农耕方式维持生计,渔猎产业只是补充。因此,农人不太可能非常关注猛兽、猛禽,因为这些动物会给他们的生产生活带来麻烦。鹰作为猛禽,理应被农人避之唯恐不及,那么鹰形陶鼎为什么会出现于农耕文明影响下的地区？

　　游牧民族喜欢狩猎，也喜欢猛兽、猛禽。在他们的岩画、雕塑、配饰上，猛兽、猛禽的形象很常见。鹰可以成为狩猎的帮手，自然为他们所喜爱。但是游牧民族居无定所，不会使用笨重、易碎的陶器，尤其是鼎之类的炊具。他们多使用木质容器、皮囊。这样看的话，他们怎么会制造鹰造型的鼎呢？

　　材料三

　　内蒙古自治区赤峰学院通过多年来的考古研究发现，猫头鹰是红山文化的主要图腾崇拜物。据介绍，玉猫头鹰在红山文化各种遗址中出土数量最多，最高的达到十几厘米，姿态各异，有仿真的，也有抽象的，同其他动物的组合也是千变万化。考古人员说，红山文化时期，人们恐惧黑暗，希望在黑暗中得到光明或者看清一切；人们经常遭到其他野兽的攻击，希望能够像鸟儿一样飞起来，以避免受到伤害；人们过着农牧渔猎生活，又希望像雄鹰一样轻易地捕捉到猎物。而猫头鹰具备这一切优势：猫头鹰是辽西地区普遍存在的猛禽，夜间活动，可以飞向高空，又给人以通达天地阴阳的神秘感。于是，红山文化时期先民们希望猫头鹰能够给予自身与自然界抗争的神奇力量，这样一来，猫头鹰成为红山文化时期先民们的图腾崇拜物应该是一种必然。

　　结合以上材料，想一想，如果说鹰形陶鼎不是仰韶文化的产物，而是周边地区受仰韶文化影响的产物，你会怎么想？

第六章 鄂君启节——战国时期经济发展的见证

一、文物介绍

古代社会发展到一定程度,出现了凭信一类的器物,如节或符,作为官方授权或授信的标志。人们拿着它们(持节、持符),可以从事一定的社会活动。它们对于研究当时社会政治经济的发展状况,具有极大的历史价值。我们发现的这类文物,原本只有军事活动中征调军队的虎符,其他的凭信在1957年前尚未见到实物。1957年鄂君启节的出土,则填补了这个空白。

图6-1 鄂君启节,又名鄂君启金节,铜错金仿竹节式通关凭证,由战国时期楚国国君颁发给鄂君启,分舟、车两组,距今两千多年,保存完好。其中4枚1957年出土于安徽省寿县,后又征集到1枚,现2枚陈列于中国国家博物馆,3枚陈列于安徽省博物馆

(一)发掘经过

安徽省中西部有一座历史文化名城寿县(今属安徽省淮南市),在历史上曾经留下众多华彩篇章。它在战国时期是楚国最后的国都,当时叫寿春,从秦汉开始就是南北势力争夺的军事要地。前秦苻坚讨伐东晋,在此大败,留下了"草木皆兵"的成语。寿县在明清以后仍然是淮河中游的重要码头,沟通西北与江南,太平天国英王陈玉成就是在此处被俘后遇害。晚清状元、帝师孙家鼐就是寿县人。北伐军叶挺独立团营长曹渊也出生于此地。此地可谓历史悠久、人杰地灵。

今天，寿县仍然有我国至今保存最完整的宋代古城城墙以及众多的文物古迹。笔者还记得年轻时到寿县去参观，当地村民告诉笔者，因为寿县古城出土过大量的珍贵文物，城东城西一万多亩土地，往下一米就全部是政府组织百姓铺设的沙子层，预防盗墓者偷盗。

1957年，为了配合淮河水利委员会的整体规划，以及淠史杭灌区的统一调度，当地政府调动大量民力，包括从怀远、蒙城、凤台、霍山抽调的民工，在全县范围内开挖沟渠。这年4月的一天，在古城西南九里圩防汛护堤的工地上，一群民工在大堤附近一个叫邱家花园的地方取土，其中有两人，忽然觉得铁锹铲到个硬邦邦的东西，蹲下一看，只见一个破瓦片式的东西从土中露了出来。用铁锹戳戳，发出刺耳的响声，捡起来发现还挺沉，上面淤积着土锈，擦一擦，露出金灿灿的样子。两人一边琢磨这是个什么物件，一边顺着附近的土堆翻找，果然，又连续挖出了三枚形状一样但是大小略有不同的东西。当时两人将它们带回了家。此后，由于在其他工地上发现了大批文物，引起上级政府的重视，六安专署（当时寿县归安徽省六安专署管辖）专门派人对寿县进行了文物保护与普查工作。

1957年冬天，六安专区文物普查工作队在寿县开展大规模的文物普查工作。由于党和政府的政策宣传影响，两位农民在政府的号召动员下，主动将四件宝物交给了工作队。经过文物普查队的初步观察，四枚"竹节"为青铜材质，上面以错金工艺镌刻春秋战国时期的楚国文字，并且当中都有"金节"字样，而铭文中也提到"金节"的所有者是"鄂君启"，所以初定名为"鄂君启金节"。其中三枚车节、一枚舟节。此物一出世，立即引发国内外考古界的重视，因为它是当时唯一发现的战国通关凭证，对研究楚国及其附近地区的政治、经济、文化、地理、社会管理服务等各方面的历史，都有巨大的史料价值。

1958年，鄂君启节被调到安徽省博物馆，准备参与中华人民共和国成立十年大庆的展览。也是机缘巧合，这一年，毛泽东主席到安徽合肥视察，正好碰上鄂君启节展出，毛泽东主席就仔细观看了它，并指示应该好好研究。当时的文物研究人员根据主席的意见，发起了对战国古文字、楚国文书制度、战国交通与道里等多方面的研究。郭沫若和当时的一批古文字学家、文物专家、历史学专家在这些方面展开深入的研究，取得了一系列成果。

之后，安徽省博物馆四枚金节中的一枚舟节与一枚车节和其他全国各地的重要文物一起，被支援调拨到中国历史博物馆，也就是今天的中国国家博物馆。安徽省博物馆只剩下了两枚车节。事有凑巧，1960年，在寿县正北面的蒙城县（当时该县归属安徽省阜阳专区管辖），当地文物工作者又很偶然地征集到一枚舟节，并入藏安徽省博物馆，这样安徽省博物馆也就又有了舟节、车节的全本。有人说，这个舟节也是1958年在邱家花园里与那四件文物一起出土的，只是被另外的人收藏并带到蒙城县。也有人说，蒙城县属于淮河流域，自古水运便利，直到今天当地内河航运业仍很发达，所以舟节应该是当年鄂君启遗留在蒙城县水域中，被后人偶然间获得的，这也是很能站住脚的说法。

鄂君启节很快就被国家文物局定性为一级甲等文物，成为国宝级的文物，是中国有名的"明星"文物。

（二）文物介绍

鄂君启节是当时楚国国君楚怀王发给鄂君启的通行凭证。中国国家博物馆所藏的鄂君启节形似由一根竹竿剖成的五瓣竹片，中间有一"竹节"，将器面分成两段，上长下短。稍短的叫"车节"，长29.6厘米，宽7.3厘米，厚0.7厘米。根据铭文内容可知其相当于现在的"陆路通行证"；稍长的则为"舟节"，长30.9厘米，宽7.1厘米，厚0.7厘米，可视为现在的"水路通行证"。舟节与车节器面各镂刻八条阴纹直线，作为铭文的直格界栏。器面上金色铭文排列整齐，舟节共计铭文165字，车节共计铭文150字。笔者依据较权威的鄂君启节铭文释读版本，选取舟节、车节铭文的主要内容，用现代汉语写了梗概。

舟节铭文主要内容梗概如下。

大司马昭阳打败晋师（魏国军队）于襄陵那一年，夏天某月乙亥之日，楚怀王派人为鄂君启府铸造金节并赐给他，令其置办三舟合为一组的方船五十组，在一年之内可往返一次。船只从鄂地出发，经过楚国一些地方时，各关见到该金节便不能征收赋税，不能收取官府提供住宿和伙食供应的费用；未见到该金节则应收税，如载马、羊、牛出入关，则由大府征收税费，关上不得征收。

车节铭文主要内容梗概如下。

大司马昭阳败晋师（魏国军队）于襄陵的那一年，夏天某月乙亥之日，楚怀王派人为鄂君启府铸造金节并赐给他。节上规定，以不超过五十辆车的规模，每年可以往返一次。不得携带金属、皮革、箭等物资，如用马、牛等驮货物，每十头（携带的货物）相当于一辆车（携带的货物）；如用挑夫挑担跟随，则每二十人（携带的货物）相当于一辆车（携带的货物），折合的车辆数从五十辆车的总数中扣减。队伍从鄂地出发，经过楚国一些地方时，见到金节则不征税，不能收取官府提供住宿和伙食供应的费用，未见到该金节则应收税。

古人常常用符节作为信用的凭证，如秦国虎符、楚国鄂君启节、楚国铜龙节，都是现当代发掘出来的文物，其材料足以证明当时社会的管理是相对精细严密的。许多防伪加密、互相制约的手段已经投入使用。例如金节的错金工艺，一方面是当时楚国的审美意识的表现，另一方面可以起到防止伪造的作用。

（三）文物分析

舟节与车节是楚怀王发给鄂君启的通关凭证，它的文物价值究竟如何，以致如此被珍视？我们要弄明白两件事情。

① 楚怀王与鄂君启在历史上是什么关系，为什么要发给他此证？

② 此证在历史上究竟有没有被真实使用过，为何最后在寿县（楚国最后的国都）发现？

先解决第一个问题：楚王与鄂君启是什么关系？楚怀王熊槐有子熊启，被封为鄂君。鄂君启在历史上的事迹无考，但是从后来楚怀王颁发给他的通行证来看，他好像喜欢经商，经常长途贩运货物到首都郢。怀王发给他的金节,详细列数对他的免税事宜,这正是对他的商业行为的关照。

楚怀王的父亲楚威王是楚国很有作为的君主,把江山交给怀王的时候,楚国已经是"地方千里、带甲百万"的大国,实力在七国中绝对是一流。但是怀王辜负了威王的期望,在历史上留下众多笑柄。他是楚国少有的在位时间较长的君主之一。他在即位早期,破格任用一批贤臣,如昭阳、屈原等人进行改革,建立齐楚联盟,大败魏国,灭掉越国,使楚国成了当时最有实力的大国之一。但是后来他宠信奸邪小人,放逐屈原,被秦国张仪蒙蔽,毁掉齐楚联盟,连战连败,导致大片国土沦丧,楚国从鼎盛走向衰亡,他本人最后也客死他乡。

跟父亲怀王跌宕起伏的一生相比,鄂君启估计一生没有太大的作为,最多只是做了一个富翁。但是把他封在鄂地,绝对是怀王对他的恩宠。鄂原为鄂国,是长江中游的一个古老国家,后被楚国灭掉。公元前877年楚国以原来鄂王的都城为鄂,即今天的鄂王城遗址(今湖北省大冶市金牛镇鄂王城村胡彦贵湾)。其后多位楚王在鄂建别都。该地物产丰富,出产当时最为重要的战略物资——铜,因为该地有享誉世界的"青铜文明"发源地——铜绿山。既有丰富的物产,又有经商的爱好,鄂君启从事商业活动似乎顺理成章。在楚国大败魏国的323年,怀王的事业达到鼎盛时期,鄂君启也到了成家立业之时,怀王便颁发此证,方便其来往。

第二个问题相对来说比较简单,从怀王特命大臣铸造金节,又给予其很大的免税优惠,这个金节带来的便利,鄂君启不会不使用。关键是后来此金节为何在寿县发现,这里牵涉金节的使用程序。楚国物产富饶,加上有长江、汉水等河流的航运便利,商业很发达,甚至开辟了与西亚、南亚一些国家的往来路线,与之进行经济交流,在国内商业贸易更是发展得如火如荼。楚国的宛(今河南省南阳市)是战国时期著名的冶铁中心、商业中心。鄂地是鄂君启的封地,物产又丰富,他自然会打起经商的主意。金节规定一年可使用一次,每次有如此大的利益,累积下来效益还是很可观。

至于金节为什么会在寿县而不是在鄂君启的封地被发现,解释起来比较困难,有三种可能。

① 金节一次铸造完后，并没有全部颁发。这一点从金节保存完好，几乎没有使用的痕迹来看，很有可能。

② 鄂君启并没有就封，他的府邸就在首都，其后人也一直在首都居住，并随同首都的迁移搬迁到寿县。这个可能性也很大，毕竟在战国时期，公子们不就封而在封地外做官的很多。例如孟尝君就长期在齐国当官，后来才回到自己的封地——薛。

鄂君启有没有就封，还涉及金节具体是谁使用的重要问题。如果鄂君启亲自来往，五十乘的规格限制有点不合情理。可惜相关史实在史书上没有记载。但是如果他就封，按照当时的国君与封君的朝觐关系，当不至于一年一次如此频繁。只能推断金节应该是颁发给鄂君启，供其家臣来往时使用，否则不会加上"无金节则征"的字样。鄂君启家臣出示金节，经守关官吏验看后，即可放行，并给予一定的食宿招待。

③ 鄂君启去世，金节被国家收回，由国库收藏，这也能解释为何最后会在楚国国都发现金节，而不是在鄂地。

也有人认为每年楚王或许都要验看金节一次，所以金节才会出现在首都。不过结合当时环境来看，这样做似乎并无必要。

二、教学运用

（一）教材相关问题解析

目前限于篇幅与教学时间，中学历史中对楚国涉及很少，鄂君启节也没有被提到过。但是在教导学生"春秋战国时期的经济发展和政治变动"相关知识时，鄂君启节具有一定的参考价值。

首先，它侧面反映楚国的商业的发达，货物流通的普遍，以及政府对商品制订的严格的税收政策、制度与实施手段。节用青铜铸成，上有铭文曰"见其金节毋征""不见其金节则征"。从享受国家免税的优待看，楚国已牢牢把商业控制在官府手中了。但是如果据此就认为楚王为了便于商贸，特地为商队铸造了用于免税的金节，只要出示金节，一律免征关税，这种说法因为没有实物来印证，就不好妄加评议了。从金节的铸造过程、工艺水平、颁发的程序、优惠的力度来看，此物绝非一般商人能够拥有。它应该是一种特殊优惠政策的产物。现在人们多认为这个金节是免税通关文书的一种，我们认为它更可能是一种君王的恩典，就算是通行证的一种，也绝对属于特别通行证。这个特例，恰恰证明战国末期的楚国一方面经济发达、贸易繁荣，一方面管理混乱、统治阶级腐朽。

其次，鄂君启拥有金节，会给他带来什么样的好处呢？金节带来的好处，最重要的就是利润。金节规定每次通关可通过五十乘车，这么多车携带的货物都免税，其利润自然很可观，沿途还免费食宿，又省了一笔很大的开销。这本质上是国家税收的流失，其实是一种腐败行为，而且估计还不是对某一个特定人员的恩典，而是贵族普遍的特权。这种只顾及自身财富的积累，丝毫不考虑国家利益的行为，既戕害了国家的实力，又败坏了政府的信誉；既惑乱民智，又使得私欲横行。难怪和鄂君启同时代、同为贵族的屈原会留下"众人皆醉而我独醒""长太息以掩涕兮，哀民生之多艰"的喟叹。联系楚怀王后来的行为，这可能也是楚国后期朝政衰败的一个重要诱因。这也可以印证经济变动对政治变化的影响。有人说，战国七雄中，秦国重农抑商而统一天下，齐、楚重商而国破家亡。如果教学中能上升到这个程度，则家国情怀的培养自然不在话下。

当然，如果从历史地理、古代冶金铸造工艺、古代文字等方面利用鄂君启节，也可以收到较好的教学效果，但是这样做需要据教学时间是否充足和学生兴趣是否集中在此处而定。

（二）教学价值

中国古代历史发展到战国时期，中华大地上发生了一次很大的变革。从政治斗争格局到战争规模，从社会制度管理到百姓日常生活，从人物语言服饰到典章、器具、文字，这场变革牵涉面极广，影响深远，是中华民族走向繁荣强大的一个重要阶段。但是长期以来，我们对战国的印象就是"伏尸百万、流血漂卤"，或是各国之间互相兼并、背信弃义。有时我们又会把目光紧紧盯在最后的胜利者——秦国的头上,或者将注意力集中在变法改革、赵武灵王胡服骑射等方面。

其实,战国时期,从持续时间上看将近两个半世纪,长度丝毫不亚于汉、唐、明、清等强盛王朝;七国争霸称雄,也并不是一味地恃强凌弱、穷兵黩武,它们有谋略、有变革、有创新、有突破。这是一个内容极其丰富的历史时代,而且对于今天的我们有着很大资鉴作用。

因此,我们必须重视战国时期的历史研究与历史学习。

以笔者目前的了解,学生对战国的理解与认识主要有秦国商鞅变法经过,六国的败亡顺序,最多还知道长平之战和纸上谈兵的赵括。这些知识对学生学习历史还远远不够。

课堂上使用鄂君启节时,对学生来说会出现以下几种情况:太难(需要连破文字关、翻译关、史实关才能勉强读懂),不感兴趣(离教材太远,相对来说材料比较枯燥),错误识读(片面理解或因为根本不理解而胡说)。这些都是不利条件。但也有学生很感兴趣,因为它与一部传播甚广的电视剧《芈月传》有极紧密的关联,学生知道其中一些人物的故事,会感觉授课材料很亲切,因而积极学习。这种使用起来利弊兼有的材料,有赖于教师的匠心独运才能发挥价值。

(三)教学运用

鄂君启节上的两段铭文,是史料分析的极好素材,可以有较多应用形式。

案例一

阅读并分析材料中所表达的历史事实,回答下列问题。

材料一

鄂君启节是当时楚国国君楚怀王发给鄂君启的通行凭证,鄂君启金节形似一根竹竿剖成的五瓣竹片,中间有一"竹节",将器面分成两段,上长下短。稍短的叫"车节",长29.6厘米,宽7.3厘米,厚0.7厘米。根据铭文内容可知其相当于现在的"陆路通行证"。稍长的则为"舟节",长30.9厘米,宽7.1厘米,厚0.7厘米,可视为现在的"水路通行证"。

材料二

舟节部分译文:"各关见到该金节不能征收税赋,不能收取官府提供住宿和伙食供应的费用。未见到该金节则应收税。如载马、羊、牛出入关,则由大府征收税费,关上不得征收。"

材料三

楚怀王熊槐少年娶妻,生了一个男孩叫熊启。熊启被封为鄂君,被称为鄂君启。鄂君启喜欢经商,乐于长途贩运货物到首都郢。怀王发给他金节,详细列数对他的免税事宜。

(1) 楚怀王为什么为鄂君启颁发金节?

(2) 见到金节就不收税,不见金节则收税,这说明战国时楚国的税收管理是怎样的水平?

(3) 关于鄂君启的这个"免税通行证"的颁发和使用,你有怎样的看法和评价?说出你的理由。

即便不进行材料解析,鄂君启节还是一个精美的书法艺术品,也是一件铸造精良、纹饰复杂的工艺精品,教师从这两方面下手,都可以轻松证明战国时期经济文化发展水平有多高。

案例二

图6-2　鄂君启节及其铭文局部

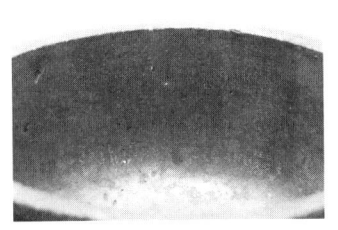

图6-3　大盂鼎及其铭文局部

看图并思考问题：联系图6-2战国时期鄂君启节的错金文字和西周大盂鼎铭文，谈一谈你对战国时期我国青铜铸造技术发展的认识。

第七章　长信宫灯——秦汉文化发展的产物

一、文物介绍

它在一个西汉诸侯王的墓葬里被发现，青铜鎏金的工艺，使它光彩照人。通过巧妙的设计，它让使用者的生活在舒适的同时与环境协调。当时与它类似的作品也屡见不鲜，都传达着这样一种理念——舒适、环保，它就是长信宫灯。

图7-1　长信宫灯，汉代青铜器，为一个双手执灯跽坐的宫女，通体鎏金，灯体通高48厘米，人高45.5厘米，由头部、右臂、身躯、灯罩、灯盘、灯座6个部分分别铸造后拼装组成。出土于河北省保定市满城区中山靖王刘胜之妻窦绾墓，现陈列于河北博物院

（一）发掘经过

河北省保定市，因元朝设保定路而得名，地处太行山脉与华北平原交界处，西部是高高的山脉，东部是一望无垠的大平原，因为地理位置险要，是"北控三关、南达九省、地连四部、雄冠中州"的"通衢之地"，自古以来就是兵家必争之地。北宋初年，辽国为报复宋军进攻幽州，派数万精锐侵入宋境，与北宋在满城大战。宋军战术布置得当，使用迂回包抄大败辽军。辽军败退，此后再也不敢大举进攻北宋。明清后，此处更是捍卫首都北京的南大门，精兵强将常驻，历代屯军之所甚多。

陵山位于保定市满城区，海拔不到300米，因为它突兀地出现在大平原的西北部，背后是巍峨的太行群峰，东临浩瀚的华北平原，山为笔架形，主峰居中，左右两峰对立，山下有一条蜿蜒的小河，地势非常出色，故而传说有某朝某代的帝王选中此地作为陵墓，所以此处叫陵山。似乎是为了充分验证这个传说，山附近的三个村子分别叫北陵山村、南陵山村与守陵村。因为形象如同一只展翅高飞的凤凰，所以陵山又叫凤凰山。

不过这些只是传说。从古至今，在陵山上，别说帝王陵墓，就连当地人的坟也没有几个，因为山上全是坚硬的岩石，根本没法动土，大家也就以为是个讹传而已。1949年后，此处建了一座采石场，整日炮声隆隆，将右侧的山直接劈下一半，也没有什么异常发生。

1968年5月，北京军区（现已撤销）工程兵某部的战士们在陵山进行坑道作业，在爆破中发现了一个墓穴，并将此事报告河北省委。

当时的河北省，正面临异常混乱的局面，刚刚将省会由保定迁到石家庄（以1968年2月3日在石家庄成立新的河北省革命委员会为标志），但是河北省相关方面还是马上派人会同考古工作者在几天后来到满城陵山进行初步勘探，最后得出结论：这是一座有两千年历史的汉代大墓，保存相当完整，很可能会有重大考古发现。考虑到实际情况，河北省马上将满城汉墓的情况上报中央，直达国务院总理周恩来。

周总理当时正在接待来访的坦桑尼亚总统尼雷尔，公务繁忙。但是总理仍然高度重视这件事情，趁着欢迎宴会间歇，把发现满城汉墓的事告诉了中国科学院院长郭沫若，并嘱咐他，由他负责联系中国科学院考古研究所，专门处理这件事情。

郭沫若先生知道这件事情自然非常高兴，乐见其成。但是，仅仅凭借中国科学院考古研究所一个单位，在当时的环境下，想办成这件事情几乎不可能。在周总理的关怀下，郭沫若克服困难，着手组建了以胡寿永为队长的九人考古队，队员个个都是当时中国科学院考古研究所的精兵强将。中国科学院考古研究所的考古队于6月25日抵达陵山，与先期到达并开展工作的河北省考古队的同志会师。此时距离发现山洞已经整整过去一个月，但是这个速度在当时的条件下已经是很快的了。

在之后的发掘中，考古人员顺着意外炸开的那个深洞，展开了大规模的发掘和清理工作，逐步揭晓了古墓的全貌，经过一个月的发掘，顺利清理了两个耳室、中室、墓道，并且直接确定了墓主人的身份——西汉中山靖王刘胜，就是东汉末年刘备念念不忘的那位祖先。这是一个振奋人心的消息：这是一座没有遭到后世破坏的诸侯王墓，且墓主身份明确。大家都激动地等着文物的发掘出土。

刘胜墓全长约51.7米，最宽处约37.5米，最高处6.8米，由墓道、甬道、南耳室、北耳室、中室和后室组成。考古队员来到一座厚厚的石门面前，这就是墓葬的后室入口，后面就是最核心的地方——埋葬墓主人的棺椁以及高级随葬品的主墓室。厚厚的石门非常坚固，好像被什么东西挡住，怎么也推不开。考古队员们将石门上端的砖块移开，打开一个小洞。大家赶紧派人顺着小洞爬进去，顺利地打开了石门。

石门是怎样从里面被封闭的？大家猜测了很久，打开大门后发现，原来是门后有一个铜铸的暗栓在作怪。这个暗栓，很多人不明白它的用法，其实它就是一个跷跷板式的物体，一头灌注了铅而较沉，一头不灌铅而较轻，将沉的一头朝后平衡摆放好后，放于门内，关门时压下轻的一头，关上门后，沉的一头慢慢下压撬起轻的一头，顶住石门，以此起到门闩的作用。它类似于后世陵墓中抵门的自来石，但是更高效和实用。

后室的发掘简直就是一次汉代文化的巡礼。后室是一个用石板搭建起来的石屋，很多当作墙壁或屋顶的石板已经坍塌。唯有棺床上面的两块石板没有塌，所以棺床保存完整，这也是一个惊喜。随着工作人员的小心清理，一件件珍贵的玉器、青铜器被运出墓穴，展示在人们眼前。当然最耀眼的还是完整保存下来的金缕玉衣。

听闻出土金缕玉衣，年过七旬的郭沫若冒着酷暑赶到陵山一看究竟。参观完毕，郭沫若在洞外散步，与当时的考古人员交流。针对大家提出的王陵与后陵应该同坟异穴的历史传说，他结合自己的看法，肯定了考古队的推测——后陵就在左右两个山包之一中。

考古队在此前的调查和发掘中，对另一个陵墓的位置也发现了一些蛛丝马迹。首先当然是历史记载，据说汉代王陵多依山为陵，夫妻同坟异穴。这些记载虽然之前考古工作者没有亲自验证过，但应该是较为可靠的。问题在于"同坟异穴"的"异"会到什么程度，是近在咫尺还是隔河相望，考古队员心里没有准数。其次是在田野考古询问当地老乡时，有人曾经说过，他们发现这座山有个特点：每次下雪后，山腰里有两个地方雪化得特别快，往往出现在皑皑白雪中有两个"黑圈圈"的异常景象。但是当时正值盛夏，老乡们也无法准确指出那两个"黑圈圈"的具体位置，估计到冬天雪大时，方能验证。即使这样，这一信息也非常重要。最后，在考古调查中，大家发现有一条颇宽的山道直通王陵，但是在王陵墓口前并没有中断，而是继续向山上延续，路边还有碎石可见。对这些情况汇总分析后，大家一致决定向周边扩大发掘范围，寻找后陵。

经过一番寻觅，二号陵墓的墓口被找到，不过这是不是王后陵墓还要等完全发掘才能验证。在这次探寻中，考古人员还发现了一点，那就是王陵异常坚固，如果不是人们用现代的炸药轰开王陵的耳室，想用其他方式来盗掘或开发这个王陵基本不可能，因为墓道入口被生铁熔汁灌入形成的厚铁板封死，再堆上乱石，与山体融合为一体，几乎一点痕迹也没有，即使找到痕迹也无法进入，这座陵墓称得上固若金汤。

二号陵墓打开后，人们发现墓穴比一号陵墓更加高大、宽敞、深长，山洞里的石壁也光滑平整些，但是随葬品数量和质量却明显差了不少。这是什么原因呢？大家怀疑这是否是王后的墓，而答案随着一套金缕玉衣和一枚印章的出土揭晓了——这正是一号陵墓主人中山靖王刘胜的妻子窦绾的陵寝。当时的考古界又一次被震动！二号陵墓出土的随葬品，除了金缕玉衣之外，还有长信宫灯等一大批文物，它们的考古价值也很大。很可惜的是没有发现竹简、木牍、帛书之类大家今天最希望看到的文字材料。

考古队此番收获颇丰，除了少数人继续留在满城挖掘那些小型的陪葬墓外，主力队伍随着全部文物一起回到中国科学院考古研究所的办公室里。算起来，两座墓穴共出土金、银、铜、铁、玉、石、陶、漆、玻璃器等类文物近一万件。其中金缕玉衣、长信宫灯、错金博山炉、鎏金银蟠龙纹铜壶、透雕双龙高钮谷纹白玉璧等珍品都非常罕见。后来，考古研究所的人员与其他十余家研究机构的科研人员，对墓中出土的金属、陶瓷、玉石、漆木、丝织物、动植物等文物进行专项研究。满城汉墓确实称得上藏品丰富，可谓给了新中国考古工作者一份厚礼，后来被评为中国20世纪100项考古大发现之一。

1988年，经国务院批准，满城汉墓成为第三批全国重点文物保护单位（第一批于1961年前后批准，第二批于1982年公布）。1991年5月，在满城汉墓发现23周年时，王陵的墓穴正式对外开放。参观者可以从墓口一直走进后室，一睹当年汉陵的气势与辉煌。

（二）文物介绍

作为一个没有遭到人为破坏的西汉诸侯王陵，满城汉墓的随葬品数量惊人，质量更是令人叹为观止。不必说那一大一小的男、女式金缕玉衣，单单就是长信宫灯、错金博山炉、鎏金银蟠龙纹铜壶、透雕双龙高钮谷纹白玉璧等，也都举世闻名。尤其是长信宫灯，更是家喻户晓、妇孺皆知的文物。

汉代的物质文化水平，在文物专家孙机先生的《汉代物质文化资料图说》一书中有详尽的解说。我们今天能看到这些详尽的说明，也与汉代厚葬之风有关。因为厚葬成风，所以尽管历经破坏，汉朝墓葬中还是保存下来大量的文物，涉及汉代社会生活的方方面面，其中不乏精品。满城汉墓长信宫灯，是汉代手工工艺的集大成者。

长信宫灯原本放置于窦绾墓的后室条案上。在考古发掘时,因后室顶上石板坍塌,将它从几案上砸下,四分五裂地躺在地上,一开始人们以为它是好几件文物。后来逐渐修复整理,考古人员才发现它是一个完整的物件。在当年修复时,因为有其他物件混入长信宫灯的部件中,学术界还做了探讨。为什么以"长信宫灯"来命名?因为人们在灯盘上最明显处发现了"长信尚浴""阳信家"等字样,而长信宫是汉文帝皇后窦氏的居所,大概是此灯待过的最高等级的处所,所以据此命名。

图7-2 长信宫灯灯座上"阳信家"字样

灯的总体造型是一位跽坐执灯的宫女形象,她上身平直,略微前倾,双膝跪地,左手手心向上托扶灯座,右臂高高举起,宽大的袖管自然下垂,笼罩在灯上,形成了灯的顶部。灯盘中心有一个灯钎,是用来固定灯芯的。两片青铜材质的平且薄的弧形板子镶嵌在灯底盘上圆形的槽子里,与上方宫女衣袖笼罩下的灯的上座槽子相合,其中的一片可左右推动,能移动的弧形平板面积稍大,据观察,它与固定的那块弧形面板叠合处的大小,能决定进入油灯的氧气量,这样就可以随意调节灯的亮度。同时,通过转动弧形板,灯光照射的方向也可以调节。灯盘上还安装了一个把柄,柄内有朽烂的木头痕迹,估计这里原来装了一个木制手柄,用于将灯盘取下来给油灯添油。这个灯使用起来既舒适又方便。

古代的灯靠燃烧油或者蜡来照明,点燃后,黑烟上蹿,长期使用后往往将房顶熏黑,使用者也会满鼻满口的黑灰,这是灯内没有完全燃烧的炭粒和燃烧后留下的灰烬所致。这些污染物不仅污染室内空气和环境,还很浪费燃料。长信宫灯则巧妙地将宫女的袖管与身体连接，形成烟道，当火烛点燃时，烟焰顺着宫女的袖管上窜进入宫女体内，与底座部分水池中所蓄之水充分交换，变得干净清洁，再悄无声息地从人像的接缝处弥散开来，消失得无影无踪。灯焰在一个半封闭的空间燃烧，既有利于保持室内空气洁净，也有助于燃料的充分燃烧，既增加亮度，又可以节省燃料。这个设计十分精巧，类似于后世水烟袋的构造，称得上匠心独运。同时，宫女的头部、袖管、身躯和灯盘、灯罩、灯座，每部分都可以拆卸，人们要清扫烟炱、烟油和杂物也很方便。

不过也有学者认为，此灯的底座上有大孔，根本无法储水，其作用只是让新鲜的空气流入灯腔内，一样有吸附灰尘的作用。它是完全仿照厨房的烟囱来做的，不需要水来吸附灰尘。但是此说无法确定底座上的大孔究竟是人工开挖所致还是日久生锈所致，只能推理。另外底座存水还有助于保持灯的稳定。

这种设计的关键，主要在于那个弯形中空导烟管的使用，它形如车釭，古人称为"釭"。《方言》称："车釭，齐、燕、海、岱之间谓之锅，或谓之锟。自关而西谓之釭，盛膏者乃谓之锅。"因为车釭里存有润滑车轴的油膏，与此灯存油膏的性质相近，故这样命名。这种类型的灯具现在发掘出土了不少，如雁衔鱼形灯、牛挽车形灯。但是据人形造灯，体量又如此之大，长信宫灯堪称这种汉代灯具的典范之作。

图7-3 西汉彩绘雁鱼青铜釭灯局部

图7-4 西汉彩绘雁鱼青铜釭灯
（中国国家博物馆藏）

长信宫灯中女子的姿态是一种古代的坐姿，就是我们常说的正襟危坐。这个女人一般被认为是宫女，因为其穿戴和服饰与汉代陵墓中出土的女俑相似。这位宫女的神情很恭敬，也有人认为是恬淡，还有人认为是拘谨，不一而足，留待读者见仁见智。

此灯上共计有9处铭文，约65字，均为隶书。最长的铭文在其上部灯座底部，刻有"长信尚浴，容一升少半升，重六斤，百八十九，今内者卧"，字迹漫漶不清，系以尖锐之物刻成。下部灯座外侧面刻有"阳信家，并重二钧十二斤，七年，第一"，除此处外在灯上还有五处"阳信家"字样，字体刻画清晰、工整。这些铭文是我们推断灯的来历的证据。

（三）文物分析

满城汉墓在考古学界掀起了一场汉代考古热潮。自它被发现之后，汉代诸侯王陵不断地被发现、发掘，金缕玉衣也屡屡被发现，甚至都变得有点见怪不怪。但是，类似长信宫灯的物品却没有再现，它以精妙的设计理念与优美的艺术造型，以及硕大的体型（它简直就是古代的落地灯，比较而言，出土的其他汉灯好像更像古代的台灯）列于国宝行列之中。

长信宫灯可以被我们称为世界上最早的环保产品、环保灯具，甚至是"天下第一灯"。从众多类似的作品，如同时代的牛灯、雁灯中，我们可以看出，环保理念在当时相当普及，是注重生活质量的一种表现。

我们先探讨一下此灯的来历。灯上的铭文里出现"阳信家""长信尚浴"的字眼，根据汉代青铜器铭文规律，这就是标明器物所有者官职、居所、姓名等材料的内容。根据铭文，我国考古学界对长信宫灯的来源有两种推测：此物可能属于汉文帝的孙女、汉武帝姐姐阳信长公主家，也可能属于汉室宗亲阳信侯刘揭家。今天大家更相信这是阳信侯刘揭家的所有物。

刘揭是汉室宗亲，在吕后去世后，积极参与刘氏复权的活动，尤其是在周勃袒臂劳军，诛杀诸吕时，他立下了不小的功劳。汉文帝上台后，分封他为阳信侯。刘揭死后，其子刘中意继位，后来因为参与七国之乱，被削夺爵位，家产被没收，长信宫灯流入窦太后宫中，被摆放在浴室里（该灯防水性能好，且可落地摆放，比较方便），后来又被辗转送给窦太后的亲戚窦绾（也就是中山靖王的妻子），死后随葬墓中。

因为灯上所刻的文字以"阳信家"为多，"长信"字样只有一处且字迹潦草，所以人们认为"阳信家"应该是此物早期拥有者。不论是由谁铸造而成，它产生的时间大约是文帝到景帝时期，最有可能的是在公元前173年。

再谈谈此灯的制作。文帝与景帝都尊奉黄老之策，与民休息，厉行节俭。文帝不仅带头反对奢靡之风，而且对下属郡国长官规定，不准进献奇珍异宝，地方官员甚至不能进行黄金珠玉的买卖，否则会被视为盗窃而受到严惩。按理说，西汉王朝在这个时期，不应该出现像长信宫灯这样的奢华之物。但是文帝之时，宗室诸侯的权力过大，直属的军队、官员有很多，甚至可以自行铸钱、开矿，手中掌控的财富自是不小，虽然不敢公开反对文帝的政策，但私下里自然无拘无束。就以阳信侯刘揭为例，他不仅制作了长信宫灯这样体量巨大的奢侈品，而且使用了鎏金技术，这是明显的僭越。汉制规定，只有皇帝才可用金，王侯用银，百官用铜。但是王侯往往僭越规制，而且做得非常过分。比如长信宫灯，从铭文"第一"来看，单是阳信侯家就做了不止一个这样的宫灯。僭越者也包括中山靖王刘胜夫妇，他们违规使用金缕玉衣，也没有人追究。从这一点来看，景帝时期大臣晁错的分析很对：西汉的诸侯国，尤其是宗室王侯，由于手中的权力与利益过大，开始与中央政府离心离德，对中央的政策阳奉阴违，甚至明目张胆地自作主张，确实已经成为西汉帝国的心腹大患。景帝上任后立即着手削藩，后人觉得他有些冒失，可实际上当时削藩可能已经是迫在眉睫，不得不行。景帝削藩，诸侯们也毫不含糊，立即扯起"清君侧"的旗号造反，毫不拖泥带水，直指要害。历史上的七国之乱，就是在这种背景下产生的。

单就长信宫灯的工艺来说，它反映了西汉初年手工业技术的水平已经很高。战国时期的青铜器，已经摆脱以前笨重的外形、繁缛的纹饰、复杂的装饰这三大传统特点，变得实用、轻灵。前文提到的鄂君启节就是代表之一，其仿竹节的造型、错金的字迹、轻便的分量，可谓既贵重又时尚。这些技术秦

第七章 长信宫灯——秦汉文化发展的产物

汉以来一直传承下去,也不断地发展着。到西汉时期,由于铜钱、铜镜的大量使用,青铜器的数量一直在减少,代之而起的是陶器、漆器、铁器。原本的青铜冶铸技艺虽然达到巅峰,但是已经没有太多的用武之地,逐渐退出历史舞台。在这个时期出现的青铜器物,一定是精工细作、百般用功的,例如错金银云纹青铜犀尊。

图7-5　西汉错金银云纹青铜犀尊（中国国家博物馆藏）

长信宫灯走的是另外一条技术路线——以简朴的外形来衬托贵重的材质,用巧妙的设计来摆脱日用品的平庸。这种路线就是不走寻常路,别出心裁,以满足小众的需求。这在古代是皇室、贵族、豪族用品最常用的思路,就是在今天的社会上,也不乏在这种思路引导下创造的产品。长信宫灯在这方面可谓创意十足:用一个人来作为灯的形象,把灯的功用融于人像塑造之中,远看是人,近看是灯;不用时是铜人,使用时是铜灯。而由于这个人像约等于一个真人的大小,其创意就更有气魄。孤灯残照下,一名温婉的女性坐在自己的身边,顿时增加了"红袖添香"的温馨。人像太小,便没有这般作用;和真人一般大小,那可是需要真金白银才行。长信宫灯的铭文上注明"并重二钧十二斤",西汉时一钧相当于三十斤,因而其意思就是长信宫灯重七十二斤（长信宫灯在今天称重为15782克）。这在当时是一大笔钱。（当时货币基本单位是五铢,汉代以二十四铢为一两,十六两为一斤,一斤相当于约七十七个五铢钱。七十二斤的长信宫灯,仅仅是用的铜的价格,就相当于五千多个五铢钱,再加上鎏金、装饰,这个灯应该差不多价值万钱。)

此前的青铜器,虽然也有使用鎏金工艺的,但不是很多,而且鎏金面积也小。长信宫灯高达48厘米,通体鎏金,这在今天也算是体量很大的鎏金作业,在两千多年前的西汉,其工艺难度之大可以想见。但是长信宫灯不仅采用了这种技术,而且鎏金的效果很好,直到今天大部分地方金光灿灿,没有严重的成块脱落现象,这在古代中国是了不得的工艺成就。这里有必要说一下鎏金工艺,它不同于我们今天的镀金,是中国人民首创的金属加工技艺。其方法是把金和水银加热熔化后再迅速冷却合成的金汞剂涂在铜器表层,再加热使水银蒸发,使金牢固地附在铜器表面,最后用玉石玛瑙做成的碾子在鎏金层完全凝固前反复碾压,使之紧密贴合,保证不脱落。这种工艺在东周时期就已经出现了,历代皆有使用它的作品。最著名的莫过于北京故宫太和殿区域和乾清宫门前的二十二口鎏金大缸。长信宫灯耗费大量人力、物力,只不过是为满足当时统治者骄奢淫逸的生活需求,可以想见,在统治比较清明的"文景之治"下,百姓所受盘剥仍然不轻。

二、教学运用

(一) 教材相关问题解析

在中学历史教学中与长信宫灯有关的知识点主要有三个:一是西汉初年的休养生息政策与七国之乱的产生,二是秦汉时期社会经济发展中手工业的发展,三是秦汉时期社会风貌中的时代风尚与审美情趣变化。其中长信宫灯最适合用于第一个知识点的教学,也就是用于探讨西汉初年王国问题的产生原因、解决这个问题的价值。对教材中相关的历史问题可以进行下述的解析。

秦汉之际的历史更替,在中国古代,是历史研究的热门话题。汉有贾谊的《过秦论》、唐有杜牧的《阿房宫赋》、宋有苏洵的《六国论》等,人们都热衷探讨强大的秦国为什么会快速灭亡。代秦而起的西汉统治者刘邦和他的手下认认真真地总结了秦代灭亡的原因,将之归结为一点,就是秦朝广设郡县,不封子弟,宗室衰微,这导致在变乱四起的关键时刻,皇帝没有宗族势力可依托,真正成了孤家寡人。在这种认识的基础上,汉高祖刘邦采取郡国并行的思路,试图以此来规避秦朝的失误。他这种开历史倒车的行为,直接导致西汉前期出现严重的诸侯乱政的政治局面。

刘邦所分封的同姓王有齐、燕、赵、梁、代、淮阳、淮南、楚、吴等。这些王国的封地多为六国故地,竟达39个郡,占西汉整个疆土的大半;而皇帝直辖的才不过15个郡。刘邦之所以广封刘姓诸侯,是因为在他眼中,诸侯都是他刘姓的子孙,多一点少一点也没关系,让他担心害怕的是那些异姓诸侯王。因此在他活着的时候,他处心积虑地灭掉异姓诸侯王,韩信、英布、彭越等都被一一诛灭。刘邦还杀白马盟誓:非刘氏而王,天下共击之。等到这些刘姓诸侯长大,刘邦早已作古。日渐坐大的诸侯王逐渐不愿意接受中央政府的管理,与中央分庭抗礼;中央政府更不愿意看到刘姓诸侯飞扬跋扈、权倾一方。于是从文帝时开始,朝廷就逐渐产生削藩的念头,景帝时开始实施,武帝时彻底消除威胁。

当时中央和诸侯国,两者之间的矛盾大概分为三点。

第一,中央政府的政策法规在诸侯国不能推行。这是一种明目张胆的政治挑衅,比如诸侯用物僭越。汉文帝、汉景帝自己都很俭省,他们自然希望宗室与他们一样爱惜民力、勤俭节约。但是事实与他们的想法恰恰相反。就连小小的阳信侯所拥有的财物,规格与质量都远远超过皇室用品(否则皇室也不可能去使用诸侯的旧物),其他辈分长、地位高的诸侯王的奢侈就更加难以想象。

第二,中央政府的经济实力不如诸侯。据《汉书》记载,刘邦二哥刘仲的儿子刘濞被封为吴王,并受命安抚辖区内的老百姓。吴地豫章郡产铜,滨海地区产盐,吴王既鼓炉铸钱,又煮海水为盐,贩卖获利。吴国所铸钱流通于整个西汉境内。吴国由于经济富足,实力日渐强大,境内压根不征赋税,比文帝的三十税一还要宽松。当然,其他郡国所收的赋税也并不上缴中央财政,他们搜刮这么多的财富,中央政府也不能拿走,只能干看着他们挥霍。诸侯多有敛财之举，巧取豪夺、鱼肉百姓，否则他们不可能有这样的财力来挥霍。这些行为严重损害了西汉政权的稳固性，汉朝中央政府的与民休息政策，等于给他们提供了盘剥的机会。

第三，中央权威不彰。由于文帝时期对诸侯王多有隐忍，导致诸侯王的野心不断膨胀。文帝由于出身问题（其母地位低，外戚几乎没有势力），早年偏处一隅，侥幸逃脱吕后的迫害，最后机缘巧合而登上帝位。这一方面使得文帝对宗室诸侯比较忍让，想以此来换得统治的安稳（文帝登基之初，如不隐忍，可能真的会被宗室再顺手来一次政变赶下台，因为他确实没有什么威望和实力来问鼎中央皇权）；另一方面则使得宗室觉得，都是刘姓子孙，只要有机会，大家都可以继承皇位。

吴王刘濞的太子刘贤与文帝太子刘启（两人是堂兄弟）因为在一起下棋而争执，争执中刘贤不守臣礼，刘启愤怒之下误杀刘贤（据说刘启操起棋盘就砸在刘贤脑袋上，刘贤当场死亡）。为此吴王刘濞与文帝大闹一场，并以此为借口不再遵守诸侯礼制，称病不朝。文帝也不予追究，反而好言抚慰。这无疑助长了宗室诸侯藐视朝廷的风气，所以才会出现诸侯普遍违背礼法制度的现象。甚至相比之下，礼制"僭越"都不能算什么大事，因为造反都已经提上诸侯的议事日程了。

这种状况究竟给西汉朝政带来了怎样的恶劣影响？那就是尾大不掉、强枝弱干、头小身大，总之是不协调，不符合国家利益。从宗室诸侯角度来看，他们认为皇帝轮流做，今天到我家，凭什么非要听皇帝的？老百姓则认为，皇帝让他们休养生息，少缴税、少出工，是好皇帝；宗室诸侯不听皇帝的，照样横征暴敛，都该杀！毕竟像吴王刘濞那样富得流油、不收赋税的诸侯几乎没有第二个。归结到一点，这样搞下去，国家不是动乱就是分裂。郡国并行，诸侯国大，这是违背历史发展潮流的倒退。

景帝和晁错"削藩"的想法由来已久（景帝为太子时就谋划此事），思路基本正确，但是方法和手段不够周全，国家实力也略显不足。景帝面临吴王刘濞为首的"七国之乱"时，首先想到的解决办法就是妥协，于是杀了晁错。（当时晁错官服都没剥去，就被斩杀。）可是吴王刘濞对景帝这个杀子仇人并不放手,仍然乘胜追击。无奈之下,景帝才认真备战,调名将周亚夫来平叛。周亚夫不负众望,顺利结束了这场叛乱(三个月就让"七国之乱"的首恶吴王刘濞献首)。由于景帝意志不坚,白白赔上一个晁错。后来景帝晚年,周亚夫被人诬告,关入狱中,景帝不念旧情,导致周亚夫绝食吐血而死。

我们说,西汉的宗室诸侯在国家初定之时鱼肉百姓,以维持自己穷奢极欲的生活,这是有历史文物佐证的。长信宫灯就是这种历史情形的见证。

(二) 教学价值

中学生在中国历史课堂上学习到的著名青铜器,在此前主要有后母戊鼎、四羊方尊、曾侯乙编钟。这三件文物虽然历史价值很大,但是主要涉及祭祀、音乐等方面内容,器形严正,纹饰古朴,对中学生来说显得比较艰深。长信宫灯属于能让学生眼前一亮的文物,其造型逼真、功能奇特、形象又很生动,在大多数情况下,都能很好地吸引学生的注意力。那么我们在教学中应该在何时运用长信宫灯,使用后又能够获得哪些独到的价值?

1. 长信宫灯能帮助师生理解西汉初期王国问题的发生背景。之前,对西汉初期的王国问题,大家的理解一般多停留在分裂国家、危害中央集权制度的层面上,并不了解王国问题给西汉经济和人们生活带来的影响,这很容易导致学生误以为削藩仅仅是一场统治阶级内部的权力争夺。再加上汉景帝有诛杀晁错、囚禁周亚夫等行为,大家容易认为这位皇帝的人品有问题。尤其是在了解吴王刘濞和文帝、景帝的私人恩怨(指景帝为太子时殴毙吴王世子一事)后,觉得吴王叛乱也是情有可原的甚至大有人在。

长信宫灯可以证明王国问题不仅仅是统治阶级内部的争权夺利,也是事关国家发展和百姓幸福的大事。西汉初年中央政府实行"无为而治"的政策,与民休息,那是有鉴于春秋战国时期战乱带来的社会破坏、百业凋敝而被迫实施的策略。高祖、惠帝、文帝、景帝,甚至包括一度实际掌权的吕后,都一以贯之地严格执行这项政策,国力才渐渐有所恢复。史书上记载了文帝、景帝的节俭,这些行为无疑是顺应历史发展潮流的正确举动。与此相反,王国和列侯却钻国家勤俭、百姓稍有结余的空子,养肥自己并且穷奢极欲。最典型的证据就是豪华的长信宫灯：全灯净重将近16千克，体形硕大，通高将近50厘米，几与真人坐姿等大，而且表面通体鎏金。其所费几何，没有具体的数据，也不能胡乱揣测，但是肯定价格不菲，而且这种灯明显还做了不止一个。这笔庞大的费用，小小的阳信侯是如何获得的？不去说其腐败行为究竟是如何得逞的，就说说这笔榨取百姓得来的血汗钱会在当时的社会留下多大的创伤，也就能看出王国问题给面临"内忧外患"的西汉政权带来了多么严重的威胁了，因而"七国之乱"并不是简单的统治阶段内部的争权夺利。

2. 长信宫灯能见证西汉前期手工业的发展水平，是中华民族聪明才智的集中体现。中学生对文物的认识很多时候还停留在观察外表的层面，很少能上升到工艺精巧的高度。所以我们在中学阶段讲述历史上的科技文化发展的时候，对古人的成就，学生很少有真正理解的，他们觉得中国古人在工艺上最多也不过就是细心点。但是对长信宫灯的工艺他们还是比较佩服的：长信宫灯中，油烟被笼在灯罩狭小的空间里，一直向上升到灯体内，经过长长的烟道，冷却凝固后，废气和油污都被截留在灯体内，保持室内空气新鲜和清洁。这看似简单，真正要做起来很不容易。

此前教学涉及的青铜器如后母戊鼎、四羊方尊，都给人一种高高在上、冷冰冰的感觉，长信宫灯相对而言比较有亲和力，毕竟它是生活用具。但是这看似轻巧平易的宫灯却展示了汉代比较发达的手工业水平。从战国时期开始，我国青铜器的制作产业开始衰落，漆器、铁器、陶器开始大量取代日用铜器，铜则逐渐转向用于铸镜、造币。但是青铜铸造工艺水平还是得以继承，在长信宫灯上就体现了汉代不一般的青铜铸造技艺。比如，鎏金这种工艺一直流传到近代，北京故宫博物院里三大殿门口摆放的太平水缸，之所以能被侵略者刮下几斤金子，就是因为采用了鎏金工艺。

3. 长信宫灯可以引领学生一窥汉代社会生活的深层。关于古代社会生活，在中学历史课本中只有一些很浅显的介绍，但是长信宫灯在课堂上一展示，就能引发学生的很多思考：古代的照明问题怎样解决？什么时候开始点灯或者点蜡烛？灯用什么做燃料？古代的灯具为什么能这样华丽？这些问题表面上看是很浅显的，但是实际上可以引领学生走进古代的社会生活，开展深入的探究。

比如关于"灯在古代中国是什么时候开始使用的？"这一问题，中国大概在战国时期就开始大量出现灯具，而灯的具体使用年代应该还要早。孙机先生认为河南郑州商代遗址出土的商代青铜涡纹中柱盂就是一种灯，这样就把使用灯的年代提前到商代了。

到目前为止，在考古发掘所见或传世品中，发现的灯的实物都在战国以后（现存最早的灯具实物出土于战国墓葬，但是也不一定就是战国时期的物件，是春秋时期的也未可知，关键是灯具上很少留有纪年纪事的文字符号，只好存疑待考），这些灯有的是陶器，有的是铜器，但是都很像豆。《尔雅·释器》中说"木豆谓之豆""竹豆谓之笾""瓦豆谓之登"，这也就解释了灯为什么叫"灯"（繁体写作"燈"，意思就是能发光点亮的瓦豆）。

灯就是照明工具，夜间不活动的人们是不需要这样东西的，因为他们日出而作，日落而息，用不着照明。后来生活中开始"举火"照明，也就是使用干柴或松明之类点燃火把照明。后来又出现灯笼，也叫灯球，它是有防风作用的室外照明工具，兼具美观。

室内的照明最初是靠灶坑中的火光，可能也用过火把，但是火焰太大，容易失火，故而火把被坚决淘汰。但是小型火把在室内也使用了很长时间。笔者幼时亲眼看到，乡间人家没有电灯油蜡，就用劈成细长条状的松明点火照明，但点燃后火焰摇曳，满屋黑烟乱窜，火焰上方，不论是房梁上还是墙壁上，都会有一大块烟炱，黑乎乎的。这当然是穷苦人家对付着用的。

油灯出现后，人们开始使用动物油脂做燃料，后来才有植物油。蜡烛出现较晚，我国东汉时期才开始出现蜡烛，魏晋后从异域传入制蜡方法，隋唐时蜡烛照明开始与油灯并驾齐驱。而蜡烛因为加工细致，所以照明时更亮、更干净。但是蜡烛原料比较昂贵，不是一般家庭用得起的物件。古书记载，古人炫富，有用蜡烛当柴火烧的，可见蜡烛价值不一般。汉代用动物油脂点灯，所以几乎所有的釭形灯都出自汉代，后世再也没有，因为之后可能已经开始使用植物油。

图7-6 战国人形铜灯（中国国家博物馆藏）

灯具一开始只是生活用具，但是很快就走向两个发展路径：一种实用性较强，造型简单，耐用；一种装饰性较强，造型复杂，属于工艺品。因此，油灯的造型既有千古不变的豆形灯（还有一种直接将灯芯安装在油壶上的卮灯，虽然看上去不是很漂亮，但是点燃后，照明时间可以持续很久），也有千变万化的工艺灯。工艺灯又分为单枝人兽造型灯、多枝树形灯（最多达到十五枝）。从战国一直到隋唐之前，出现了大量漂亮的灯具，这些灯在制作上颇下功夫，属于实用性与艺术性兼备的灯具精品。长信宫灯是其中形体最庞大的。汉代前，尤其是战国时代，各国多流行人形灯，人像千姿百态，有站姿、坐姿、骑骆驼的、耍杂技的，人像多以下层百姓如宫女、奴婢、艺人为原型，体形都很小。像长信宫灯这样和真人大小相似的，绝对是极个别的现象。西汉初期究竟为什么会出现这样一个大型灯具，到现在也没有定论。如果简单地将之归结为因为诸侯王穷奢极欲或者彰显皇家气派，都会难以自圆其说。教师可以发动学生来探讨一下，激发大家学习历史的兴趣。

（三）教学运用

在教学导入阶段使用长信宫灯，会引发学生的探索兴趣。由于讲授中国古代历史课时，学生还没有学到相关初中物理知识，单凭想象不是很容易得出结论,历史教师此时应当"客串"一下物理教师。

案例一

在汉代初年,国家穷困破败,"天子不能具均驷,而将相或乘牛车",西汉王朝从中央到地方官吏,都非常注重轻徭薄赋,省减刑罚,与民休息。汉文帝与汉景帝更是保持了三十税一的田税,这在古代几乎是最低的标准。文帝想盖一座露台,算了一下,要耗费十户中等人家的家产,因此作罢。这一段时间内,西汉政治清明,经济逐渐恢复发展,整个社会都弥散着朴素、简单的文化气息。

但是,也有人不愿意这样低调有内涵,却愿意"高大上"一番。请看一下这个物品的照片,感受一下它在这个时代的另类性。

教师出示长信宫灯的图片,请学生仔细观察,然后回答问题:

(1)这是一个什么物件?教师可以主动提示一下(如提出殉葬人俑、人像雕塑作品、人形油灯等选项,让学生从中选一个并进行解释)。

(2)既然这是一个油灯,大家猜一猜它有多大,是什么质地的物件。

(3)请阅读如下材料。

长信宫灯,汉代青铜器名,为一个双手执灯跪坐的宫女形象,通体鎏金,灯体通高48厘米,人高45.5厘米,由头部、右臂、身躯、灯罩、灯盘、灯座6个部分分别铸造组成。出土于今河北省保定市满城区中山靖王刘胜之妻窦绾墓。现藏于河北博物院。

想一想,如此庞大的油灯,日常使用者会是谁?

师:既然大家想不到,老师告诉你们,它不过是一个诸侯家的众多油灯之一,最后被皇帝没收后留给太后使用,太后又当作珍宝赏赐给自己族内女子,受赐女子也钟爱它,甚至死后用它陪葬。大家认为这个材料说明了一件什么样的事情,它对于西汉历史发展有什么影响呢?

接下来,老师将带大家进入这个时代去一看究竟。它是谁制作出来的,又经历了些什么?

教师展示课件，出示课名。

在这个教学设计中，教师从长信宫灯的豪奢与西汉初年简朴风气的反差入手，进行关于西汉初年政治发展的新课的导入，实践证明，这样确实能吸引学生的兴趣。

案例二

阅读以下材料，并回答问题。

材料一

汉景帝阳陵出土的汉俑十分引人注目。他们只有真人的三分之一大小，约60厘米高，当年大都身着各色美丽的服饰，有的汉俑的木制胳膊可以灵活转动。人俑的队伍中有一部分是女子，大多面目清秀、身材匀称，比起秦始皇兵马俑的肃穆与刚烈，阳陵汉俑显得平和而从容，正反映了"文景之治"下安定祥和的社会氛围。

图7-7 西汉陶俑（中国国家博物馆藏）

材料二

长信宫灯出土于西汉中山靖王刘胜（汉景帝的儿子，汉武帝的哥哥）之妻窦绾的墓中，宫灯的整体造型是一个跽坐的女子双手执灯的样子。通高48厘米。宫灯为铜铸鎏金，女子的发髻和巾帻以及跽坐的姿态都是汉代宫女形象的真实写照，其表情刻画也真实地反映了年轻宫女谦卑温顺的样子。宫女宽大的袖管自然垂落，巧妙地形成了灯的顶部，其设计既夸张又富于想象力。

（1）汉景帝时期的侍女人俑和长信宫灯人像在衣着和面部表情上，有什么特点，有没有共同之处？你认为这是什么原因导致的呢？

（2）长信宫灯是一个实用器，阳陵女俑是明器（专门制作出来用于陪葬），两者在质地的昂贵与低贱、做工的精细与粗疏方面有很大的差异。想一想，为什么长信宫灯会被用于陪葬？这个现象说明了什么问题，我们应该怎么看待？

第八章 尹湾简牍——秦汉社会发展的佐证

一、文物介绍

现存传世古籍现在首推唐写本，除此之外，商代甲骨、西周吉金、战国帛书、汉代简牍都是可遇不可求的。秦汉时期文化有很大的发展，而书写工具的进步与发展是文化发展的重要保障。我们今天看到秦汉简牍上流畅俊秀的文字，可以想见这些成熟的书写工具产生了多少竹书简牍，但是很可惜，现存的古代竹简所剩不多。江苏东海尹湾汉墓出土过一套西汉的珍贵竹简，很好地丰富了汉代的历史信息。

（一）发掘经过

江苏省连云港市东海县是我国著名的水晶产区，地处丘陵地带，岩层坚硬，土壤较薄。很难想象，就在这坚实的山石中，居然埋着古代的家族坟墓，甚至藏着可以震动学术界的重要文物。

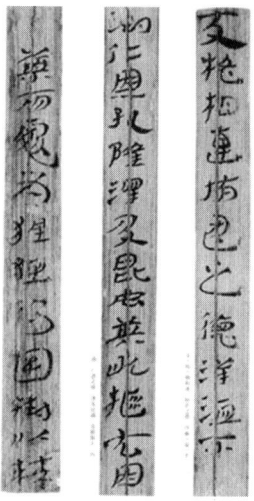

图8-1　尹湾汉简，共24枚木牍和133枚竹简。正反两面书写，保存有可辨识的字形近千万字，现陈列于连云港市博物馆

江苏省连云港市东海县温泉镇尹湾村，物产丰富，风景秀丽。在村子的西南边是一片小山岗，遍布果园，也有一些耕地。就在这一片地域，有六七个大土堆，不同于土壤很薄的其他地方，这里的土壤很厚，从古至今皆是如此，也没有人想过是什么原因。清朝末年这地方还建有一座龙王庙，现在已经荡然无存。

1993年2月，春节刚刚过去，乡村正在准备"二月二、龙抬头"的庆祝仪式,迎接即将到来的春耕时节。就在此时,有人向干部汇报,村西南的大土堆挖出好东西了。

这几个大土堆,早就有人在其上采药、取土,也没有发生什么新鲜事。这次是碰巧在取土时发现其中一个大土堆下埋有墓穴棺椁,甚至已经触到棺盖,因而当地有大批村民前往围观。大家议论纷纷,煞有介事地传言这是刘备的儿子刘禅的墓——阿斗墓,就在以前的龙王庙的遗址下面。村干部认识到问题的重要性,立即向上级汇报。当地政府派人封闭现场,并上报连云港市,请求委派考古队前来发掘。

经考古勘察,考古人员发现这里有一个规模较大的古代墓葬群。最后勘明,尹湾墓葬群是西汉到魏晋时期的墓群,可能是一个家族墓地,已经发现十余座墓葬,大部分为夫妻合葬墓,部分墓葬已经被严重盗扰。有鉴于此,连云港、东海两级政府派人员合并组队主持考古发掘。考古队在当地雇请民工,将封土堆打开,隐约有6座大墓赫然再现。墓穴是在地表以下5—8米的基岩上生生挖出来的。墓穴上原来有堆土,成覆斗状,现已坍圮成封丘。只可惜大墓大多被盗。这就是考古学界最痛心的"十墓九空"现象,大家费劲操心,最后一无所获。

不过接下来在墓葬的发掘过程中,考古人员发现编号为6号的大墓保存完好,未被扰动,大喜过望。6号大墓墓坑东西长4.2米,南北宽2.7米,深7.5米。

挖掘中,考古队发现该墓虽然未见墓道,坑壁垂直向下,墓室就构筑在墓坑底部,墓口就是墓坑入口,看起来好像规格不高(古代大墓必有墓道,方便运送棺椁或者大型陪葬品进入墓穴;小墓则无墓道,只需以绳悬吊棺椁入坑),但是却由一椁、二棺和一足厢组成,料定随葬品必然相当丰富。但是墓穴因为建在山顶岩石中,无法排水,里面的淤泥和积水很多,需要费很大劲先把水抽干,才能开始清理。

果不其然,仅仅在足厢里,考古人员就发现木俑7件,釉陶瓿2件,釉陶壶4件,铜樽、漆勺各1件。另外还有书有"甲宋"铭文的漆凭几和竹笥各1件,有几种文物前所未见。打开足厢时,里面浸满了水。令考古学者欣喜的是男主人棺内遗体脚部遗存了一些木牍和竹简。简牍外裹的物品已经朽烂无存,简牍略显散乱。经搜集清洗，发现部分竹简已经断裂成数节，但是有的竹简上还有残留的编绳痕迹；木牍保存情况较竹简稍好，可能是因为面积大一些，用笔比较着力，大部分字体十分清晰。更令人惊讶的是，木牍经过几千年的埋藏，虽然叠压在一起，取出时仍有弹性，写在它两面的字并没有磨损和粘连的现象。有些清洗后的木牍，表面木纹纹理清晰、木质光润，好像制作完成不久的样子。经整理，6号墓中有木牍23枚，竹简133枚，每个简牍上都有字迹，这是此次发掘中获得的最有价值的文物。

挖出竹简是一件喜忧参半的事情。竹简就是古代的书籍，现在能看到宋代的图书就已经很不容易，何况是西汉时期的呢！这些竹简的资料价值、版本价值自然极高，令众人如获至宝。但是竹简是用绳子编连在一起的，一旦绳子腐朽，竹简的顺序就会被打乱，甚至还有一些竹简断裂成几节，那就更加麻烦。有时搞错一个简的位置，文章就会产生很大的歧义。另外，简牍使用黑墨书写（也有用天然漆料书写的竹简，但是在当时数量就极少，传世保留下来的更少，基本可以忽略不计），年深月久，再加上水的浸泡、淤泥的污染，墨迹会黯淡褪去，甚至无法辨识，这都给竹简的辨识、释读带来极大的困扰。连云港市和东海县博物馆的工作人员用极大的耐心和细致的功夫对这些竹简和木牍上的字一一进行辨识，获得极大成功，辨识释读近40000字，后来又在兄弟单位的支持下，又订正补充了700多字。这700多字，稍有不注意，就会成为缺字方框，能够整理订正出来更是功莫大焉。整理出来的简牍文字现在已经编撰成书，供学者研究参考。简牍原件现在在连云港市博物馆展出。

（二）文物介绍

尹湾汉墓出土的这一批简牍的数量虽然不是很多，但几乎每一支（块）简牍上都写满了字迹，信息量之大超乎想象。例如，在某一块木牍上，写着整个西汉时期东海郡吏员设置的分类统计，共涉及2202人。

这批简牍规格不一，竹简分大小两种。大简宽0.8—1厘米，小简宽0.3—0.4厘米，长度基本一致，为22.5—23厘米。小简上存留有绳编的痕迹。木牍

24件，长23—23.5厘米，宽6—9厘米，厚0.3—0.6厘米。上面共写有近4万字。

其内容包括：

① 东海郡政府文书档案：《集簿》《东海郡吏员簿》《东海郡下辖长吏名籍》《东海郡属吏设置簿》《武库永始四年兵车器集簿》等簿集。

② 术数历谱：包括《神龟占》《六甲占雨》《博局占》《刑德行时》《行道吉凶》《元延元年历谱》等。

③ 私人文书：包括《赠钱名籍》《元延二年日记》《名谒》等。

④ 汉赋佚篇：《神乌傅》等。

简牍上的文字大多保存完好，字迹清晰，内容丰富，展示了当时郡府官吏事务和郡中行政事务的许多细节。更重要的是这些简牍中的一些文字，为尹湾汉墓的墓主人究竟是谁提供了明确的证据，可以帮助我们很好地研究西汉的历史。据简牍记载，墓主人姓师名饶，字君兄，生年不详，生前为东海郡功曹史。他虽然名不见经传，但是在当时当地应该属于主要行政长官手下的重要助手，官吏升迁、考核，郡内的钱粮武备等都归他管辖，所以他同时也兼任政府档案材料的书写保存者。墓中陪葬的简牍就是他生前保管的材料，阴差阳错被当作私人物品埋进了坟墓，给我们留下了重要的历史材料。

（三）文物分析

尹湾汉墓的简牍材料之所以珍贵，不仅仅是由于字数多、信息丰富，更为难得的是，它们是少见的西汉原始史料，史料价值极高。我们以前研究历史，一直想尽量找到当时的原始记录，但是由于种种原因，这些一手史料几乎是可遇不可求的，我们只能到古人编撰的书籍中去寻觅信息。但是古人在写书的时候，往往不会非常严谨地核对数据，也不会原样照抄原始资料，常是凭借记忆写个约数，乃至根据自己的好恶擅自改动，甚至用一些华丽的辞藻来进行历史描写，将之当作一种歌颂的手段。即使如司马迁那样伟大的史学家，在记载武帝即位初年国家强盛的状况时，也是很抒情的："都鄙廪庾皆满，而府库余货财。京师之钱累巨万，贯朽而不可校。太仓之粟陈陈相因，充溢露积于外，至腐败不可食。众庶街巷有马，阡陌之间成群，而乘字牝者傧而不得聚会。守闾阎者食粱肉。"(《史记·平准书》)对于汉代经济发展水平，这种资料只能提供一个大概的介绍，一旦具体研究起来，我们就会深感资料的不具体、不准确。如果太史公把上面的记载改为"国家府库存粮××万斛，存钱××万贯，全国养马××万匹"，虽然读起来枯燥乏味，但是拿来当作我们今天的历史研究资料却非常实用。当然，这种想法只是今天的历史学者的一个梦想而已。谁也想不到，尹湾汉墓为我们提供了这种具体的数据，所以它的史料价值无与伦比。它可以填补西汉历史研究的多项空白，为汉代历史研究提供郡县一级的具体资料。

尹湾汉墓出土的简牍可分为20余种文献，包括东海郡的政府行政文书，私人文书，数术文献和1篇汉代文学作品《神乌傅（赋）》。这些文献自身的文学性严重不足（除了《神乌傅》），但是记有详细的数字、最真切的人名和地名，这就是今天研究汉代历史的重要校勘材料。例如有一块木牍，正面上方写有标题"集簿"，记录了西汉时期东海郡的基本情况。该郡的行政建制为"县、邑、侯国卅八，县十八，侯国十八，邑二"，人口统计数字记载为"户廿六万六千二百九十"。这些资料明确地写出了东海郡的管辖范围、具体的郡县名称等，可以弥补校正很多古籍记载的缺漏和错误。例如有学者考证，原来《汉书》记载东海郡有"平曲"，一为县一为侯国。有人据此认为东海有两个"平曲"，有人则以为侯国之"平曲"当作"曲平"，现在根据尹湾汉墓记载断定，"有两个平曲，一个是县，一个是侯国"的观点是正确的。还有，在简牍中有一个《东海郡下辖长吏名籍》，是东海郡各界官吏的花名册，许多历史上默默无闻的过客，在今天突然重新出现在人们视野内。这也很有价值。

但是也有学者在研究过程中发现，尹湾汉墓简牍中的数字虽然详细，有些地方却不真实，有弄虚作假的嫌疑。由于不能确定这些简牍就是官方正式文件，只能存疑待考，引用时要谨慎。

尹湾汉墓简牍中有一篇失传已久的古代文学作品，叫《神乌傅》，它可能是师君兄生前喜爱的作品，因而被葬入墓中，保存至今。它出土时虽然顺序散乱，还有破损，但经过整理校对，考古人员发现其正文全部保存了下来，简直

第八章　尹湾简牍——秦汉社会发展的佐证 | 107

是奇迹。这种佚失的文章最令大家心动，就像一件宝贝失而复得，主人的欢喜可想而知。《神乌傅》全文约660字，以四言为主，用拟人化的手法，讲述乌鸟争巢的故事。这是一篇非常完整的汉代俗赋，也就是民间作品，不同于那些上层人士书写的阳春白雪的汉赋。文学研究者经过对比，发现此文与东汉末年曹植的《鹞雀赋》和敦煌发现的唐代抄本《燕子赋（乙本）》那种以四言为主、根据内容的需要进行灵活换韵的写作手法类似。《神乌傅》的发现把这种俗赋的发展历史提早了200多年，而且它是人们发现的最早的汉赋原物。现在笔者把中华书局出版的《尹湾汉墓简牍》上的相关释文抄录下来，供大家欣赏。

惟此三月，春气始阳。众鸟皆昌，执虫坊皇。螺蚩之类，乌最可贵。其姓好仁，反铺于亲。行义淑茂，颇得人道。今岁不翔，一乌被央。何命不寿，狗丽此蓉。欲勋南山，畏惧猴猨。去色就安，自诧府官。高树纶棍，支格相连。府君之德，洋溢不测。任恩孔隆，泽及昆虫。莫敢抠去，因巢而处。为狸狌得，围树以棘。

道作宫持，雄行求材。雌往索葭，材见盗取。未得远去，道与相遇。见我不利，忽然如故。□□发忿，追而呼之："咄！盗还来！吾自取材，于颇深菜。止行□腊，毛羽随落。子不作身，但行盗人。唯就宫持，岂不急哉？"

盗乌不服，反怒作色："□□泊涌，家姓自□。今子相意，甚泰不事。"亡乌曰："吾闻君子，不行贪鄙。天地刚纪，各有分理。今子自己，尚可为士。夫惑知反，失路不远。悔过迁臧，至今不晚。"

盗乌□然怒曰："甚哉，子之不仁！吾闻君子，不意不□。今子□□，毋□得辱。"亡乌沸然而大怒，张曰阳縻，□翼申颈，襄而大□："□□□□，乃详车薄。女不亟走，尚敢鼓口。"遂相拂伤，亡乌被创。随起击耳，闻不能起。

贼□捕取，系之于柱。幸得免去，至其故处。绝系有余，纨树擢棣。自解不能，卒上傅之。不□他拱，缚之愈固。其雄惕而惊，扶翼申颈，比天而鸣："仓天，仓天！视颇不仁。方生产之时，何与其□。"顾谓其雌曰："命也夫，吉凶浮沍，颇与女俱。"雌曰："佐子，佐子！"涕泣侯下："何□互家，

□□巳。□子□□,我□不□。死生有期,各不同时。今虽随我,将何益哉?见危授命,妾志所持。以死伤生,圣人禁之。疾行去矣,更索贤妇。毋听后母,愁苦孤子。《诗》云:'云云青绳,止于杆。几自君子,毋信儳言。'惧惶向论,不得极言。"遂缚两翼,投于污则。支躬折伤,卒以死亡。其雄大哀,踟躅非回。尚羊其旁,涕泣从横。长炊泰息,忧怨呼呼,毋所告诉。盗反得免,亡乌被患。遂弃故处,高翔而去。

《传》曰:"众鸟丽于罗罔,凤皇孤而高羊。鱼鳖得于苙笱。交龙执而深臧,良马仆于衡下,勒薪为之余行。"鸟兽且相忧,何况人乎?哀哉,哀哉!穷通其畣,诚写悬以意傅之。曾子曰:"鸟之将死,其唯哀。"此之谓也。

原本竹简上还有这篇赋的作者姓名,可惜看不清楚,无法释读。不过它的内容今天读起来,还是比较感人。这种伤感人世间恃强凌弱,弱者无处申冤的文学作品历代皆有,大家比较熟悉的还有杜甫的《义鹘》。我们可以将两者对比阅读,来感受汉末与盛唐的社会风尚的差异。

义鹘
唐 杜甫

阴崖有苍鹰,养子黑柏颠。白蛇登其巢,吞噬恣朝餐。雄飞远求食,雌者鸣辛酸。力强不可制,黄口无半存。

其父从西归,翻身入长烟。斯须领健鹘,痛愤寄所宣。斗上捩孤影,噭哮来九天。修鳞脱远枝,巨颡坼老拳。高空得蹭蹬,短草辞蜿蜒。折尾能一掉,饱肠皆已穿。生虽灭众雏,死亦垂千年。物情有报复,快意贵目前。

兹实鸷鸟最,急难心炯然。功成失所往,用舍何其贤。近经滴水湄,此事樵夫传。飘萧觉素发,凛欲冲儒冠。人生许与分,只在顾盼间。聊为义鹘行,用激壮士肝。

尹湾汉墓简牍其他的内容,也都很有学术价值,值得历史研究者认真对待。

二、教学运用

(一) 教材相关问题解析

西汉时期的经济发展情况,是中学历史教学中的重点。汉代承东周以来500多年的战乱破坏,建国后用了很大的精力休养生息,直到汉武帝时期才变得国力强盛,得以发动一系列反击匈奴的战役。发动大规模战争,没有强大的物质储备做后盾,几乎是不可能的事情。

但是西汉的社会经济究竟发展到什么程度?史书的记载都不是很详细,如果细化到某个具体的地方财力如何,那在历史记录中更是一片空白。这就会导致学生对汉唐盛世难以形成具体概念。而尹湾汉墓出土的简牍详细记载了西汉末期一个郡的财富储备量、户口数,对我们来说,这就是一个鲜活翔实的例子。

西汉国力从武帝末期开始走下坡路,原因是不言自明的:长期的战争耗尽了国库储备。从某种意义上说,汉匈战争以及其他一系列扩张战争,当时把西汉经济拖到了崩溃的边缘。后来汉武帝下轮台罪己诏,又有昭帝、宣帝休息民力,挽救了西汉的经济。然而,到西汉成帝时,"天下亡兵革之事,号为安乐,然俗奢侈,不以畜聚为意。永始二年,梁国、平原郡比年伤水灾,人相食,刺史守相坐免"(《汉书·食货志》)。这么强大的王朝为何这样虚弱?汉哀帝时,社会出现"宫室、苑囿、府库之臧已侈,百姓訾富虽不及文、景,然天下户口最盛矣"的情况。国家贫富分化严重,财富过于集中,人口繁盛,穷者已经无法安身立命,这种变化直接导致了西汉的灭亡。这些背景材料,在《汉书》中言之不详,只提及当时"天下謷謷然,陷刑者众"。在尹湾汉墓的简牍中,我们可以发现,大量财富聚集在官府手中。《武库永始四年兵车器集簿》记载,仅仅在东海郡一个武器库中,储存的金属器具就达到"凡兵车器种二百卅物三〈二〉千三百廿六万八千四百八十七"。笔者推断,武库中实际上可能有三百多万件兵器,上面的应该只是一个差不多的数字。就算这个数字只有一半真实,武库占用大量社会财富这一事实也是没有争议的,毕竟在那个时期,金属就是社会财富的象征。

西汉时期的社会问题，还有地方豪强势力巧取豪夺，社会生产力遭到严重破坏，这导致民不聊生、饥荒横行，大量平民沦为奴婢，社会矛盾进一步激化。这也是王莽上台实行改制的主要原因。王莽改革失败，东汉恢复统治后，豪强势力仍然是中央政府头痛的问题之一。一直到东汉灭亡，这个问题也没有解决。在尹湾汉墓的简牍中，《神乌傅》就是社会矛盾激化、政治黑暗的反映。"螻蜚之类，乌最可贵。其姓好仁，反哺于亲。行义淑茂，颇得人道"，乌鸦夫妇可谓勤劳善良、孝顺仁义。但是它们却遇上盗鸟的巧取豪夺，结果丢财丧命，而且求告无门、无处申冤。雌鸦死后，雄鸦"尚羊其旁，涕泣从横。长炊泰息，忧怨呼呼，毋所告诉。盗反得免，亡乌被患。遂弃故处，高翔而去"，只能远离家乡，逃往异地。这其实是当时下层百姓的真实生活境遇，读来令人心伤。窥一斑而知全豹，这样的黑暗统治，自然会酝酿出大的社会动荡。

（二）教学价值

中学生对汉代历史的掌握，相对来说不是很好（与唐代和明清时代相比），这与汉朝与今天相隔久远，关联较少有关，也与教师教学时偏重讲解汉代的大一统思想，重视"罢黜百家，独尊儒术"，而不太重视汉代的社会生活有关。秦汉的"大一统"当然是历史学习的重点，但是大一统的时代特征使秦汉发生了巨大的社会变革，使中华民族进入一个全盛时期，这些史实本身也是讲解大一统思想的重要支撑材料。教师应该有意识地加强对秦汉社会发展状况的教学，引导学生认识到正是大一统的政治局面带来了整个社会的稳定发展、各种资源的互通利用、先进技术的顺利推广。此外，教师还应该加强对汉代社会发展的具体史实的讲解，增加学生对大一统思想的价值与影响力的全面认识。

汉代对中国的历史发展有巨大的影响，其影响不仅仅在于政治思想方面，其他诸如社会、经济、文化，乃至普通百姓的生产生活、衣食住行、娱乐情趣，都在此时发生了深刻的变化。"汉族"这个名称的出现就是其明证。可是我们现在对汉代的知识储备和思想认同都显得严重不足，中学生尤其如此。对汉代的丰功伟绩我们应该有所了解，而且是了解其具体情况，不是停留在一点点抽象概念上。尹湾汉墓的简牍反映了许多汉代的社会生活现象,在教学上应该受到一定重视。

但是,中学生对竹简和木牍的学习兴趣不大,毕竟它们字迹又模糊又看不出价值,所以应用这一文物史料时应该着重在古代的社会发展方面着力,即着重于利用简牍中记载的史料。至于简牍本身,可以将之作为学习的媒介,帮助学生了解汉代文化传播的手段。在这个方面,尹湾汉墓还出土了一套汉代的文具,可以在教学中加以利用,为后面对秦汉文化发展的讲解做一个铺垫。这套书写工具有板研(用平整的石板做成的砚台,外加一个半圆形研子)、毛笔、书刀,恰好是一套完整的书写用具。相关阐释材料也很多,扬之水先生在《古诗文名物新证(二)》一书中有相当详细的解说,大家可在教学中参考使用。

(三) 教学运用

案例一

据江苏尹湾汉墓出土的文物《集簿》记载,当时东海郡有"县、邑、侯国卅八。县十八,侯国十八,邑二……乡百七十,□百六,里二千五百卅四,正二千五百卅二人。亭六百八十八,卒二千九百七十二人"。此记载(　　　)。

A. 说明封国仍是朝廷的严重威胁
B. 佐证了西汉时期曾在地方分封诸侯
C. 表明西汉以前郡县制尚未推行
D. 填补了县以下基层机构的史籍空白

案例二

阅读以下材料,结合所学历史知识,回答问题。

材料一

其雄大哀,□躅非回(徘徊);尚羊(徜徉)其旁,涕泣从(纵)横。长炊(叹)泰(太)息,忧急(憃)呼呼,毋所告诉。盗反得免,亡乌被患。遂弃故处,高翔而去。

——江苏东海县尹湾汉墓出土《神乌傅》节选

材料二

苍天已死，黄天当立；岁在甲子，天下大吉。

——东汉黄巾军起义口号

材料三

阴崖有苍鹰，养子黑柏颠。白蛇登其巢，吞噬恣朝餐。雄飞远求食，雌者鸣辛酸。力强不可制，黄口无半存。

其父从西归，翻身入长烟。斯须领健鹘，痛愤寄所宣。斗上捩孤影，嗷哮来九天。修鳞脱远枝，巨颡坼老拳。高空得蹭蹬，短草辞蜿蜒。折尾能一掉，饱肠皆已穿。生虽灭众雏，死亦垂千年。物情有报复，快意贵目前。

——唐代杜甫《义鹘》节选

材料四

十年磨一剑，霜刃未曾试。今日把示君，谁有不平事？

——唐代贾岛《述剑》

（1）根据材料一的内容，你觉得它反映的是西汉末期什么样的社会问题，这个问题在后来有没有得到解决？怎么解决的？

（2）根据材料二产生的背景，结合材料一的内容，谈谈两者在历史上的联系。

（3）材料三、四反映的是一种什么样的社会风貌，你认为它对唐代社会的影响是什么？它与材料一中的远遁高翔，有什么实际上的差别？

目前有关尹湾汉墓简牍的释读还在继续进行，但是《神乌傅》已经基本完成释读。案例二的材料解析题围绕汉代与唐代文学作品的不同之处展开对历史阶段特点的讨论，虽然不是很严谨，但是也有可取之处。

第九章 击鼓说唱陶俑——汉代社会风貌的缩影

一、文物介绍

它虽然出身普通官宦人家，属于瓦缶之类，却因为造型生动传神，充分地展现了中国古代工人的聪慧与高明而跻身中国国家博物馆的独立展柜中，它就是东汉击鼓说唱陶俑。

（一）发掘经过

1957年2月，正值宝成铁路建设即将竣工的关键时刻，全四川的眼光都紧紧盯着这项千难万险、穿山越岭，突破八百里秦岭天险的工程。就在这个月的一天，四川省博物馆（今四川博物院）文物考古工作队忽然接到重庆铁路管理局工程处报告：在成都市老城北门外二十华里的天回镇附近，有一个不高的小丘陵，叫天回山。宝成铁路有一段

图9-1 击鼓说唱陶俑，东汉泥质灰陶施彩，俑通高56厘米，1957年四川成都天回山东汉崖墓出土，国家一级文物，现陈列于国家博物馆

路线经过天回山附近，施工时工人们在半山腰上用炸药爆破作业，发现了一批建在山坡上的洞穴式墓葬遗址，怕它们继续遭到破坏，于是向博物馆报告，请求派人处理。当时铁路管理局牺牲作业时间保护国家文物的做法体现了很高的文物保护意识。

四川省博物馆文物考古工作队闻报，立即派人前往调查。天回山说大

不大，方圆也就几百里，高度更是不值一提，大部分山峰也就60—70米高，但是正应了那句话——"山不在高"，它虽矮却有秘密。在该山的半山腰，靠近历史上的繁水（今毗河）南岸一带，有着无法统计（不是因为数量多，而是因为藏在山洞里无从知晓）的墓葬群。这些墓葬都在半山腰凿岩为洞，与汉代中原地区依山为陵的王侯葬制极其相似，也就是规模与大小不同而已。当地人称之为"峦洞""仙女洞"。当地的岩石多是含泥砂岩，加上久历风化，石质并不坚硬。这些墓葬的建造方式是在山腰或者山脚下先建一个倾斜的墓道，持续挖掘几十米后，再横着开凿墓穴，最后用砖砌出墓室（也有直接利用墓穴而不修建墓室的）。这一点和重庆一带的悬棺葬有很明显的区别。

这些墓葬因为洞口暴露而为人知晓，成都人称这件事为"洞门开即丰年物贱"，对此已经见怪不怪。据说此墓葬群从汉代即被当时人记载进书本，虽然历代都有人盗掘偷发，但是其原貌基本一直保持下来，甚至几乎成为四川名胜。这次在铁路线上被炸药炸开而暴露出来的墓，有5—7座，其中编号为三号的大墓规格较高，且结构保存得比较完好（内部文物早已经被盗墓贼光顾多次，破坏殆尽），其余受损程度高，难以一一分辨清楚。四川省博物馆派匡远滢、刘志远等工作人员前来主持清理。从3月14日开始，一直干到4月16日，才算全部清理完毕。

当时的考古工作相比于今日要更加艰苦，设备简陋、人员缺乏。考古队先召集民工清理墓道，再顺道而下。当时墓道狭窄幽深，墓底往往缺乏氧气，既无法照明也难以呼吸，令人苦不堪言。后来考古队专门找来小型发电机，现场发电，在墓室里点亮了几百瓦的大灯泡，亮如白昼。在中华人民共和国成立初期，我国西南边陲地区考古工作中，用上这些"现代化武器"搞发掘也是不常见的事情。这得益于铁路管理局的慷慨支援。电灯的运用大大加快了发掘工作，在隆隆的机器声中，清理工作迅速完成。

辛苦之余，考古人员也有意外之喜。对于文物的出土，大家原本不抱奢望，毕竟经过盗匪劫掠，十墓九空是必然的。当大家发现墓中原有的金银器、玉器早已经踪影皆无后，虽然觉得遗憾，也没有太过丧气。出土的铜钱倒是不少，都是五铢钱。漆器外皮残片满地散布，推想其当年的数量和品质，必然相当可观，如果能保存下来，价值应当很大。

不过，墓中也出土了几件珍贵文物。例如一把金错刀，鎏金环柄，长18.5厘米，一面镌文，一面刻画，保存基本完好，上面用金丝嵌着24个隶书字迹，字体精美。图案为一大两小三只凤凰相对起舞，流畅生动。这些出土物品对断代和确定墓葬等级有一定的作用。

墓中还出土了大量烧制精良、敲起来铿然有声的瓦棺以及石头棺。其他最多的文物就是陶俑，尤其是三号大墓里各式各样的陶俑，基本分成四类，总数无法统计（其中被盗墓者无意碰毁或者故意破坏的有很多，满地碎片。早先的盗墓贼只要金银玉器或者青铜鼎彝之类，其他的基本不要）。和陶俑一起出土的还有大量陶器模型，如陶家禽、陶家畜、陶制房屋以及生活器具等。这一批陶俑中就有击鼓说唱陶俑！

这个大墓的过道和门口，就有舞俑、抚琴俑、听琴俑、持瓶俑、持镜俑等许多陶俑，击鼓说唱陶俑则出现在南三室前的过道中，好像正在主人的客房中表演。它在众多面目呆板的陶俑中鹤立鸡群，一眼看去，便以其刻画细腻、表情生动、动作传神的特色脱颖而出，考古队在发掘报告中，也把它列为重要文物。后来它被辗转送往北京，现在陈列在中国国家博物馆，享受专柜展出待遇。

（二）文物介绍

该俑高56厘米，泥质灰陶，原本遍身施彩，不过今天已经漫漶剥落。现在身上尚存的白粉与朱彩已经不容易辨识了。其造型为一个击鼓说唱艺人，只见他席地坐于一个圆榻之上，头戴头巾，有笄；头巾倒戴，在额前飘带束成花冠状；手臂上戴有一个璎珞式臂钏，胳膊下挟一圆形小扁鼓，右手做执击鼓槌状，手中有一个可插拔的泥质鼓槌。

图9-2　东汉击鼓说唱陶俑局部

俑上身赤裸，双乳下垂至腹部，肚腹部膨大如球；下穿长裤，左腿屈膝，右腿提足上扬，光着双脚；身涂白粉，施朱彩。面部表情夸张，张口露牙，眉飞色舞，神态幽默诙谐，令人忍俊不禁。

彩绘陶俑变成现在这个朴素的样子，着实可惜。据当初参与挖掘的刘志远先生回忆，在挖掘出土的过程中其实有彩俑出现，当时大家眼看着它身上的彩色颜料逐渐褪去，最后只剩下嘴上的一点红色。但是他已记不清究竟是哪个俑。不过既然这些俑是同一批下葬，很可能用的是同一种制作方法。好在对击鼓说唱陶俑而言，有没有颜色对其魅力没有多大影响。因为它最具感染力的地方是神气十足的面部表情。陶俑大张着嘴巴，露出里面的一嘴牙齿，仔细一看，还俏皮地缺了几颗；一双笑眼眯成一条缝，前额上的皱纹饱绽，每一道皱纹里都隐含着深深的笑意，整个面部表情，犹如一个表演者的演出剧照或一个场景特写：表演者沉醉在表演之中，已然得意忘形，手舞足蹈、眉开眼笑。相信不论是哪个时代的观众，都会对他的表演报以热烈的掌声。

（三）文物分析

说起陶俑，大家首先想到的是兵马俑。中国人引以为豪的秦始皇陵兵马俑可谓家喻户晓。它以阵容庞大、形态逼真而闻名于世。骄傲之余，它常常让人想到古代的殉葬之事。商代大墓里的众多被斩杀、被活埋者，让那段历史显得阴暗。后来总算殉俑以代人,也算是社会进步的表现。但是从孔子"始作俑者,其无后乎"的批判可知,以俑陪葬也还是比较浪费人力、物力,不应该提倡。据目前的考古发现来看,从秦始皇兵马俑开始,汉代帝陵有兵马俑,汉代诸侯王陵也有兵马俑,虽然陶俑个头越来越小,但整个阵势完成后的花费,算下来还是劳民伤财。

图9-3　西汉阳陵兵马俑军阵陈列局部（中国国家博物馆藏）

魏晋南北朝时期,由于国力衰落、时局动荡不宁等原因,帝王墓葬中成群结队排出阵势的卫士俑、侍从俑不见了。隋唐以降,三彩俑又流行起来。陵墓中真正不再大规模使用殉葬俑,还是从北宋开始。此后只在神道两边竖立众多的石像生,象征性地保留了殉葬俑的形式。

其实陶俑除了兵马俑外,还包括一些体形较小,个数却不少的百戏俑。成都天回山汉墓出土的击鼓说唱陶俑就是其中的代表。

四川出土了很多这种击鼓说唱俑。例如,1963年在四川成都附近的郫县（今四川省成都市郫都区）宋家林东汉砖室墓,便出土了一个和天回山汉墓说唱俑类似的说唱俑,泥质灰陶捏塑,高66.5厘米,以夸张的扭曲体态来表达滑稽的效果。

118 | 文物：历史教学中的重要资源

图9-4　东汉说唱俑（四川博物院藏）

2009年，江苏盱眙县马坝镇云山村的大云山顶上发现了一个汉墓群，其中出土了"错金银说唱俑"铜镇。俑高7.5厘米，一组四件，青铜材质，均为合范铸成，外表错金银装饰，大小几乎相同。俑头戴高帽，盘腿而坐，手或举或放，形态逼真，造型生动。这四个俑组成一个表演的场景。与其他"单打独斗"的说唱俑相比，这套说唱俑"组团"后实力大增，生动描绘了当时艺人边说唱边表演的情景。

说唱俑又称百戏俑，古代把说唱表演与乐舞、杂耍称为"百戏"，这种娱乐活动在汉代非常流行，政府甚至还设有专门机构对艺人进行管理。据史书记载，上至汉武帝（宫廷生活中"俳优侏儒之笑，不乏于前"），下至文武百官、地方富豪，都喜欢这种玩意儿。其特点有如下几个：形式简单，几个人甚至一个人就可以表演，配乐的道具只有一个小鼓（也有人说说唱俑胳膊上的串铃也是配乐器）；随时随地即兴表演，这种形式很厉害，同时也比较吸引人，因为每次表演的内容都不一样；内容虽暗藏讽喻，但绝大多数节目是娱乐搞笑类作品，表演者本人也是滑稽扮相，供人取乐。这些民间艺人中也有忧国忧民的人，在《史记·滑稽列传》中提及的淳于髡、优孟就属于这类,其中还提及优旃,他是秦国的一位说唱艺人,"秦倡,侏儒也。善为笑言,然合于大道"。他的形象与说唱俑反映的历史信息比较相符。

通过对击鼓说唱陶俑的学习,可以了解中国古代的幽默艺术。

司马迁在《史记》中专设《滑稽列传》,介绍了从春秋战国一直到西汉前期滑稽表演家的发展历史。滑稽演员们有的擅长表演,有的善于讲笑话,有的因为身材矮小而能够淋漓尽致地夸张表演,博得人们的戏谑。有些人能够做到以微词托意,以戏谑讽谏,以小博大地劝谏统治者,对社会有独到的针砭良效。这种艺术一直影响到唐、宋、元、明、清。直到现在,相声、双簧、独角戏等艺术形式仍然一如既往地广受人民群众的喜爱与欢迎。

二、教学运用

(一)教材相关问题解析

汉代历史教学内容在中学历史教育中,相对而言篇幅较长。尽管如此,中学生学习的内容基本上不涉及汉代社会生活的具体部分,这导致他们对汉代历史的了解有一定的局限。

我们在教学中都不太重视对当时社会具体风貌的历史介绍。例如,大部分教师和学生分不清汉代人和唐代人、明代人的服饰有什么区别,甚至根本不知道汉代人、唐代人、明代人究竟穿什么样式的衣服、怎么穿这些衣服。学生学习过历史后,脑海中的历史世界是混沌的、没有细节的。对于历史人物,学生谈不上喜爱与厌烦,只是知道而已。所以很多学生经过十几年的学习后,对中国历史上的人物毫无感觉。试想,如果连一个人高矮胖瘦、黑白丑俊,是个什么模样都搞不清楚,大家会爱他或恨他吗?

笔者很高兴地发现,新课标中有落实历史认识、培养家国情怀的相关要求,因此想提醒大家注意历史风貌和历史细节,这些是历史教育的主要目标和重要基础。毕竟历史是鲜活的,就像击鼓说唱陶俑那样活灵活现、生动有趣。比如,请看图9-5中的女侍,她的手指上有什么器物?是一面镜子。看清楚了，人们就会觉得这个女俑的形象立即丰满起来。

图9-5　执镜陶俑（四川博物院藏）

百戏俑具有丰富的历史价值。第一，殉葬物品基本上是墓主人生存时代社会场景的逼真重现。这些俑携带的人种特征、冠带服饰、日常生活等方面的历史信息，既丰富，又直观，对于今天的历史学者来说难能可贵！假如从远古黄帝时代开始，每个时期、朝代都有一些承载历史信息的殉葬俑留下来，那将是一笔多么宝贵的财富！第二，历代墓葬被盗时，盗墓者基本没有动过这些陶器。殉葬俑除了无意的损坏（大部分今日可以复原）和自然的侵蚀（可以根据物理知识推测），基本上被原样保留下来。其珍贵性与完整性，值得大家重视。第三，殉葬俑中的精品是研究墓主生活时代社会文化的第一手资料。如陕西秦始皇兵马俑代表着国家力量和王权意志，气势恢宏；四川击鼓说唱陶俑代表着民间文化的世俗价值与百姓审美，生动活泼。这类历史信息很难从史籍中推想，但是看到这些陶俑就一目了然了。

我们可以通过对击鼓说唱陶俑的介绍，帮助学生了解以下几个内容。

1. 了解东汉时期的基本社会状况。

天回山汉墓中保存下来的文物以陶器为主，虽有破损和移位，但大部分还是能够辨明形状和功用的。在这座墓里,最有价值的便是这些陶器,它们分为三类:第一类是对主人生前生活环境的模拟,有楼阁房舍、田土井园等;第二类是家具和生活用品,有灶台锅盆、灯琴鼎碗,外加家畜家禽等;第三类则是各种人员,有服务人员,包括侍女、男仆、卫士、庖丁、厨娘、净夫等,还有娱乐表演人员,包括男女舞俑、抚琴俑、听琴俑、击鼓说唱俑。

既然它们是陪葬品,那么说明它们代表的这些现实生活中的东西都归主人所有。问题来了:这些表演人员也是主人家的人吗?换句话说,这些人也是他的下人吗?他们之间是雇佣关系还是依附关系?通过研究,可以发现东汉豪强地主的家里一切生产、生活资料应有尽有,完全是一个封闭的小王国;他们拥有一个构成复杂、人员众多的团队,甚至拥有自己的娱乐团队,实现了真正意义上的"自娱自乐"。

2. 了解汉代社会,尤其是东汉南方社会生活的细节。

从说唱俑的发型、衣着,可以自然联想到东汉的服饰制度。由此我们又会联想到,东汉时期的人们究竟处于怎样一种社会生活状况?他们吃什么,玩什么?业余时间干些什么?这种历史的细节,看似琐碎,其实是历史中最富有趣味的内容,也是学生比较感兴趣的内容,更是这些年来历史研究者感兴趣的内容。击鼓说唱陶俑就是解开这些疑问的钥匙。

当然,要想掌握细节,还必须学会观察细节、陈述成因。击鼓说唱陶俑看起来身体比例并不协调,这怎么解释?这个俑到底是男俑还是女俑?它头上的簪花,究竟是簪花还是头巾倒戴?这些问题不能简单一看或一谈,而要查询一下、研究一下、争论一下才能明确。历史研究的兴趣大门就是这样一点一点被打开的。

3. 了解秦汉时期的文化差异。

秦朝在还是秦国时,就崇尚法家。法家号称是办实事的,因此,秦朝的社会风尚,给人的感觉是简单、直接,没有人情味。汉朝建立后,力图矫正秦朝的弊端,崇尚道家。这种思想上的解放,一下子释放出巨大的能量,创造了灿烂辉煌的汉代文化。钱绍武先生对此有一段精彩的阐释:"汉代初年的统治思想是黄老之术,就是黄帝和老子的道家思想,崇尚自然,与民休息。汉高祖是这样子,吕雉、汉文帝、汉景帝,一直到汉武帝早期,都是黄老之术治世。这样,汉代和秦代形成了一个鲜明的对比,秦代拘谨,汉代自由;秦代刻板,汉代奔放;秦代是切实,汉代是幻想。所以从文化基础上,秦代是三秦文化,是以简朴、切实为主;汉代是什么?从汉高祖开始是楚文化,楚文化的特点就是上天入地幻想多,不拘一格,奔放恣肆,非常自由。这种文化基础,加上反对秦国的严酷统治,造就了宽松的氛围,所以产生了空前的开放和自由,因而才产生这样一种大汉雄风,这才够得上大汉雄风。这种作风,它在艺术上就叫天趣为尚,这也是道家思想,天趣是最高的,天然形成的是最高的,非人力所能为,这个是艺术的最高境界,和所有以前的那种全不一样了,于是就形成了这样一种作风,一直传下来。中国的这种写意传统,即写意不是写实,创造一种意境而不是模仿现实的某种现象的原则从此就开始了。"(据钱绍武《漫谈中国雕塑艺术》讲座整理)

这种变化在击鼓说唱陶俑身上得到充分体现,我们在教学中也应该更加注意这种变化,将其呈现出来,方便学生学习和掌握。

(二)教学价值

比起那些造型严肃、历史气息浓厚的文物,击鼓说唱陶俑对于现代中学生来说非常容易接受。它眉开眼笑,传达出来的喜悦会感染观众;它的动作也很写实,一看到它就会想到我们日常生活中那些手舞足蹈的行为。我们有必要好好利用这个文物,增强学生对汉代文化的学习兴趣。

运用击鼓说唱陶俑来教学时,如果教师没有很好地铺垫,只是简单出示这个文物,听课的学生往往会把自己对秦始皇兵马俑的认识迁移到对说唱俑的学习上,因而认为说唱俑形态比较小,数量也很少,东汉国力一定是远不如秦朝。有的学生甚至会认为,由于东汉末期统治者的横行专权以及对农民的残酷压榨,东汉国力非常衰弱,只能制造出秦朝兵马俑1/3大小的说唱俑,而且数量很少,比起兵马俑人山人海的阵势,说唱俑简直是孤苦伶仃,形单影只。

我们不要觉得学生的想法可笑,笔者曾经亲历了这样一堂课,那些发言的学生甚至还是班里比较喜欢历史的孩子。估计从教师谈到汉代皇陵的各种陶俑很小时开始，他们就怀疑汉代国力衰落了。司马迁在《史记》中描绘的文景之治后的盛世，既然被汉武帝的好大喜功所消耗，那么汉代哪还有钱？至于东汉，教材上根本没有介绍其国力强盛与否，只强调当时豪强地主势力强大，徒附的农民很多。这就是学生所知道的东汉的全部状况，所以他们产生这样的误解并不奇怪。趁这个机会，教师可以把历史学习的方法重点介绍一下，对秦始皇兵马俑和击鼓说唱陶俑做对比，重视对其背景、成因，尤其是墓主的身份、时代的需求这些重要因素的对比，以此为主题展开讨论，以帮助学生掌握史料解析的基本手段和历史论述的基本格式。

据笔者的记忆，在历史教学中，说唱俑的人体结构比例问题好像从来没有学生提及。在课堂上使用时，学生只是觉得它表情可爱、动作夸张，并没有注意它的头大身子小。教师专门提出该问题后，有个别学生思考后回答说，自己注意到雕塑作品中有些地方不合实际，身体前仰后合的姿态不可能实现；右腿抬起得过高，左腿没有受到牵扯，做这种动作也不太可能。至于为什么这样制作，就没有同学能回答上来了，最后他们说可能是制作者经验不足。

笔者还发现，普通中学生对东汉时期的音乐艺术等情况几乎一点都不了解，教师谈及古代的优孟、滑稽戏时，他们几乎没有任何相关知识储备。这也是他们对说唱俑感到不了解的原因之一。

不过当课程结束后，学生对说唱俑的感觉立即大大地丰富起来，他们觉得它特别像今天的喜剧大师王景愚先生，纷纷给它起名字，设想它在讲一个什么样的故事，并做了古代滑稽表演的剧本写作——《他为什么笑得这样乐》。

（三）教学运用

击鼓说唱陶俑在教学中，一般用在对秦汉时期的文化的教学中，用于说明秦汉时期雕塑艺术的发展状况。也可以在讲解秦汉时期的社会生活时使用，以此直观介绍东汉时期的娱乐活动。

案例一

读图并阅读材料,分析秦兵马俑和汉说唱俑艺术塑造手法的相同与不同之处,谈一谈你对秦汉时期社会文化的深层次理解。

图9-6 秦兵马俑

图9-7 汉击鼓说唱俑

材料一

雄壮的兵马俑军阵曾沉寂千年。20世纪,在一代又一代考古工作者不懈的探索中,古老的兵马俑焕发了新的光彩,走向了新的辉煌。秦陵兵马俑惟妙惟肖地模仿军队的阵势排列,这在古今中外的雕塑史上是绝无仅有的。

秦陵兵马俑采用写实的刻画方式,带有明显的肖像性和写生的特点。崇尚写实、手法严谨是秦陵兵马俑的主要艺术特点。武士俑身高175—196厘米,陶马高150—172厘米,长200—203厘米,体型与真人、真马相等,形貌服饰皆严格地模仿现实。花样繁多的发髻、连缀甲片的皮筋、扣接革带的带钩、绑扎腿部的裹腿、系在脚背的靴带、穿纳鞋底的针脚、马身披挂的鞍鞯等,处处雕琢得一丝不苟,处处展现着陶塑匠师们创作态度的严谨、观察生活的深邃和表现技巧的卓越。

性格鲜明、形象生动是秦陵兵马俑的又一艺术特点。武士俑分类模制成型,再经人工修饰而制成。每类之中,又有几种不同的头像模型。这种模制和手塑相结合的方法,既便于大批制作,又能避免千人一面之弊。匠师通过对眉眼、鼻翼、胡须等细部形象的刻画,着重塑造了将士们坚毅勇敢、沉着机智、威武刚健的性格；同时通过不同的衣冠服饰，表现了不同人俑各自的级别身份，在威武刚强的共性之中，还注意到对不同个性的刻画。

材料二

汉代陶俑与此前的秦朝及以后的隋唐陶俑的根本区别，主要表现在其对神韵的追求上，汉代杰出工匠所留下的艺术品上体现的风格，表明了这一时期艺术家对神韵的理解与追求——在写实的基础上刻画精神，以形似求神似，这一创作理念在说唱俑上表现得淋漓尽致。艺术家截取说唱艺术最精彩的瞬间举动，利用形体的夸张及人物面部表情的变化来突出艺术形象，看似头大身小，躯体粗短，身材比例失调，但如此恰恰将其丰富的说唱内容、醉人的表演形式及艺人情绪的自然流露刻画得惟妙惟肖，恰到好处。

巴蜀地区的说唱俑是汉代陶塑艺术中尤具神韵、造诣极高的作品。千年前的民间艺人，袒露上身，高耸双肩，左手抱鼓于腰，右手（握槌已掉）指着嘴角，眉飞色舞说唱到正精彩处。那俏皮、戏谑而极尽夸张之情态，将其愉悦谐趣发挥至极处。说唱俑形象即汉代的民间艺人"俳优"，多为矮胖身材的侏儒，"俳优侏儒之笑，不乏于前"。汉代的俳优表演有说有唱，有乐（鼓）有曲辞，已具古代戏曲艺术的诸多重要因素，其传承演变，对古代话本小说的兴起也有一定的促进作用。它从不同的层面反映了我国古代劳动人民的生活状态，对研究当时的风俗及人文地理都有极大的价值。

案例二

阅读以下材料，联想东汉击鼓说唱陶俑，谈一谈你对古代中国滑稽表演的历史认识。

材料一

《唐阙史》：咸通中，优人李可及者，滑稽谐戏，独出辈流。虽不能托讽匡正，然智巧敏捷，亦不可多得。尝因延庆节，缁黄讲论毕，次及倡优为戏，可及乃儒服险巾，褒衣博带，摄齐以升崇座，自称"三教论衡"……上意极欢，宠锡甚厚。翌日，授环卫之员外职。

材料二

《优语集》：宋高宗时，饔人瀹馄饨不熟，下大理寺。优人扮两士人，相貌各异。问其年，一曰"甲子生"，一曰"丙子生"。优人告曰："此二人皆合下大理。"高宗问故。优人曰："饺子、饼子皆生，与馄饨不熟者同罪。"上大笑，赦原饔人。

材料三

章太炎认为，只有把传统文化的根留住，才能把民族的魂留住；中国古代滑稽戏通过史籍传承下来，构成了中国文化的根基，影响着世世代代中国人的审美情趣。

第十章 马踏飞燕——丝绸之路上的风情

一、文物介绍

马是中国古代社会中重要的交通工具,更是军事斗争中的重要力量。我国古代内陆地区没有优良的牧场和优质的马匹品种,对良马的渴求非常迫切。汉武帝时期通西域后,人们才接触到许多名贵的马匹品种。天马,就是对西域骏马的统称。马踏飞燕,让我们对天马的形象有了直观的认识,并被它的魅力征服。今日,它已经是中国旅游的标志。

图10-1 铜奔马,又名马踏飞燕,东汉时期物品,高34.5厘米,长45厘米,重7.3千克。铜奔马正做昂首嘶鸣、举足腾跃状,一只马蹄踏在一只飞翔的鸟儿身上。1969年甘肃武威雷台汉墓出土,现陈列于甘肃省博物馆

（一）发掘经过

铜奔马，又称马踏飞燕，出土于甘肃武威。甘肃省的名称来源于古代的甘州和肃州，与安徽的得名相似（安徽是安庆府与徽州府的合称，清代康熙年间得名）。甘肃得名很早，西夏设甘州甘肃监军司，元朝设甘肃行省。甘肃地区人文历史有八千余年，是中华民族和华夏文明的重要发祥地之一，被誉为"河岳根源、羲轩桑梓"（中华民族的人文始祖伏羲、女娲和黄帝相传诞生在甘肃）。西周崛起于庆阳，秦人肇基于天水、陇南，唐代皇帝李氏的根在陇西。中国古代凡于西安定都者，其家族十之八九皆发源于此。

武威在历史上属于河西四郡，后隶属凉州。汉武帝元狩二年（前121），霍去病大败匈奴，西汉政府在原匈奴休屠王领地置武威郡，取武功军威之意。"羌笛何须怨杨柳，春风不度玉门关"，一曲凉州词，华夏皆知名。武威在甘肃的经济地位也很高，有"金张掖银武威"之说。武威历史悠久，遗存下来的历史遗迹也不少，最著名的是鸠摩罗什寺，是为了纪念西域高僧鸠摩罗什弘扬佛法、翻译经典的功绩而建造的。除此之外，还有一座历史上不知名却从1969年开始天下闻名的雷台汉墓（今日已是武威的招牌景点，风头无二）。

1969年，武威县新鲜人民公社（今武威市金羊镇新鲜村）组织村民挖战备地道。村头有一个几丈高的夯土台，有几亩地大（实测台高8.5米，长106米，宽60米），台上有一座明清时期修的道观，叫雷台观。老百姓因此就叫这个土台子"雷台"，也叫灵钧台。地道正好从它下面穿过。到9月22日这一天（也有人回忆是10月份），村民们挖出了一座古墓。公社将此事上报，武威县文化馆闻讯也做了保护工作。

之后，甘肃省博物馆会同武威的相关同志联合发掘了这个汉墓。发掘后证实，雷台汉墓是东汉末年一个大型砖室墓，墓门向东，呈正东西方向，由墓道、墓门、甬道、前、中、后室等部分组成，通长40多米；前室有左、右耳室，中室有右耳室。墓室面积约60平方米。奇特的地方在于，该墓的墓砖未使用任何黏合剂，就这么排列在一起，却历经两千余年毫发无损。墓砖排列堆砌成一定的造型。该墓的渗水井不知何故变成后人的打水井，不知从何年月开始，雷台上的人们便从台上摇辘轳打水，一直使用到20世纪90年代，这口井才慢慢变得干涸。

大墓早年被盗（刚下葬没几年就被盗），有一个盗洞很明显，不过已经被后人用土石填塞。根据现场判断，该墓早年有高大的封土堆。考古队在这个大墓边上又发现了一个陪葬墓，也在雷台下压着，同样被盗，被列为二号墓（此前发现的大墓为一号墓）。

一号墓中的文物连回收带挖掘，共出土了231件，此外还有大量的铜钱，据说有几万枚。其中有铜车马仪仗俑，是当时国内仅见的，其中有一件铜奔马，艺术价值最高。在屡屡遭到破坏的大墓里，这些珍宝被保存下来，实为幸事。

让人惋惜的是，当初墓室内文物的陈列位置已经被破坏，文物间的原始关系不明。考古工作队的同志无论怎么启发，当初参与挖掘的老乡们也想不起小车、小马、小人在墓室里最初的具体位置，更不能记起它们之间的相对位置。现在陈列时，只能凭专家的研究分析来尝试排列其顺序，是不是完全正确，学术界还有不同的看法。另外，很多文物受到严重损毁，其中就包括那尊铜奔马。最后是故宫博物院著名的青铜器修复专家赵振茂先生千方百计修复了它，它这才成为今天大家看到的样子。国家文物局下放到甘肃的文物专家王毅将它命名为"马踏飞燕"。尽管此后有很多学者就此马的名字展开论证，但还是马踏飞燕更为人熟知，相比较而言，其他的名字太专业。

1971年，全国人大常委会副委员长、中国科学院院长郭沫若陪同外宾（柬埔寨首相宾努亲王）来兰州参观，在甘肃省博物馆，他一眼就看见这个被考古学界称为"罕见的古代艺术珍品"的铜奔马，大加夸赞，说这就是古代的天马。见多识广的郭沫若认为它是汉代考古的重大发现之一，与金缕玉衣一样重要，一时兴起还挥毫留下了"四海盛赞铜奔马，人人争说金缕衣"的墨迹。

当时国家文物局正在筹划出土文物展览，郭沫若便建议调此铜奔马参展。此后，铜奔马一跃成名，还经常到国外展览，外国友人也对其赞叹不已。

1983年，中国开始设计与征集旅游标志，铜奔马一举超越大熊猫、长城等世界知名的中国形象，成为中国旅游标志。其获胜的理由是：天马行空，逸兴遄飞，无所羁缚，象征前程似锦的中国旅游业；马是古今旅游的重要工具，是奋进的象征，旅游者可以在中国尽兴旅游……象征着中国数千年光辉灿烂的旅游文化历史，显示文明古国的伟大形象，吸引全世界的旅游者。真是"有文化"的一匹马！

（二）文物介绍

据说铜奔马是铜车马仪仗队中的一员，笔者一直不太相信这个说法，因为据笔者亲眼所见，铜奔马比那些铜车马仪仗队中的车马在外形上要大许多，造型和做工也截然不同，后者很明显是明器，铜奔马更像是日常摆设品，有人认为它是马样。

铜奔马由青铜制成，马高34.5厘米，长45厘米，宽13.1厘米，重7.3千克。铜奔马呈飞奔状，昂首侧脸喷鼻，张嘴扬尾，三足腾空，右后足下踏一飞鸟状物件，体现了骏马和飞鸟争先的动人瞬间，而且巧妙地烘托出马蹄之轻快，马鬃、马尾之飘扬，恰似天马行空，增添了铜奔马凌空飞驰的飘逸灵动。

铜奔马上缴后，考古人员第一时间就发现它的头部和背部残留有明显的彩绘痕迹。汉代在殉葬用的铜马或者木马身上描饰彩绘图案的时候，多用"云气纹"表现马匹腾云驾雾甚至展翅飞翔的样子。村民回忆时坚持认为当时此马是排在仪仗队最前头的，这也侧面印证了这个推断。

其实大家的关注点首先在于这是一匹什么马。答案是天马，即汉代西域的宝马（金庸先生在《射雕英雄传》中为郭靖设计的小红马就属于这一类的马匹）。中国原产马匹矮小但结实，有耐力却不擅长快速奔跑。由于马匹的体质原因，我国春秋时多用战车作战而非单骑作战，士兵骑术也差。《淮南子·人间训》中明确指出，普通人无法驾驭高大强健的胡骏马，如果强行骑乘，往往得到摔断大腿的下场。战国后情况有所改变。

秦汉时期，尤其是汉武帝时期，在与匈奴作战中，中原人发现匈奴有好马（但是数量其实也不多），据说来自西域。西汉政府派张骞通西域，想得到名马也是其中一个诱因。那么究竟什么是名马，有没有评价标准？传说古代有相马专家，名为伯乐，擅长发现千里马。什么样的马才能被称作千里马呢？这个也是有标准的，标准就在《相马经》里。

现存的相马类书籍言之不详。例如，《司牧安骥集》中所载之《相马宝金歌》有所谓三十二相:"三十二相眼为珍,次观头面要停匀。相马不看先代本,亦似盲人信步行。眼似垂铃紫色浸,睛如彻豆要分明。白缕贯睛行五百,瞳生五彩寿多龄。鼻纹有字须长寿,如火如公四十春。寿旋顶门高过眼,鬃毛茸细万丝分。面如剥兔腮无肉,鼻如金盏食槽横。耳如杨叶根一握,项长如凤似鸡鸣。口叉须深牙齿远,舌如垂剑色莲形。口无黑黡须长命,唇似垂箱两合停……"

《相马宝金歌》中的选马标准有很多较为模糊,固然是经验所在,但是真正执行起来还是难以准确把握。其他一些后世托名伯乐写的《相马经》也与此大致相近。另外,这些相马经验多是明清时期的,当时所谓的良马对马匹的实战要求不高,多在防疫抗病方面下功夫,与汉代对战马的要求也已经大相径庭。

不过民间文艺有大量对名马的描写,其中罗贯中《三国演义》第三回中对赤兔马的描写可以作为参考案例:"那马浑身上下,火炭般赤,无半根杂毛;从头至尾,长一丈;从蹄至项,高八尺;嘶喊咆哮,有腾空入海之状。"这个标准再简化一点,那就应当是高头大马,这算是最形象的描写。

古代看马,主要看个头,强调良种优势、体态优势。细想确实是如此,同等条件下,腿长则必然跑得快,体大则储存能量多。西域良马在这些方面无疑具有优势。现代的中亚骏马与铜奔马在外形上的相似程度很高,它们都鼻孔阔大、身形修长,仔细比较一番会颇有心得。

图10-2　现代中亚骏马

民间对于相马还有一个言简意赅的说法:"远看一张皮,近看四个蹄。"意思是优良马匹的毛色纯一,蹄子宽大。当然这种相马的办法也还有很大缺憾。

还有一个值得关注之处,就是天马蹄下的"小鸟"究竟是什么。一开始考古学界对此没有定论,1974年的发掘报告上是这样说的:"铜奔马一件。高34.5、身长45厘米。奔马昂首扬尾,三足腾空,头微左顾,右后足踏一飞鸟。飞鸟两眼似鹰,展翅回首,尾端有穿一,当是固着托底的铆孔。奔马原有鞍具、辔勒,已失。这是一件罕见的古代艺术珍品。"在发掘报告里,甘肃省博物馆的工作人员把小鸟谨慎地定性为"飞鸟"。此前,学者看过后将此鸟定为"飞燕",或许是因为唐代李白《天马歌》中有句"回头笑紫燕,但觉尔辈愚"。1983年以后,铜奔马全国皆知,大家又对此展开了讨论,有的说飞鸟是传说中的神物龙雀,以风一样的速度著称;有的说它是隼或是雏鹰。谁也没有确凿证据。倒是马踏飞燕这个称谓因为顺口且有一定的文学性而广为人知。

这只小鸟的身份确实是一个谜。第一,它造型模糊,没有特别明显的特征,大家研究时只能根据古书中的记载寻找线索,说到底也都是想象、推断;第二,这个造型仅见于雷台汉墓,是个孤例,所以难以通过比较认定。

干脆就让大家继续猜想,倒也不失为史学界一件有趣的事情。

(三) 文物分析

是谁把铜奔马带进墓穴里的?据参与发掘的当地农民回忆,当初进到墓里时,墓穴地上有棺床,上面有两具棺木,当时把他们吓得够呛。考古队的同志进去发掘时,发现骨架已朽,仅余腿骨一支。甘肃省博物馆的考古人员从出土的车马、人俑、仪仗规格判定这是东汉末年秩比二千石的张姓将军夫妇合葬墓。

现在的学者对墓主人身份的判断,综合起来有以下几种:一是破羌将军、武威太守张江;二是度辽将军、使匈奴中郎将、武威太守张奂;三是张奂的小儿子张猛;四是宣威侯、破羌将军张绣或汉阳(今甘肃天水)

太守张贡。近年又有人提出前凉国王张骏以及中国道教祖师张道陵等说法。

结合后来雷台发掘出的另一座墓葬分析，根据形制来看，雷台汉墓应该是张姓家族墓地。

考古报告《武威雷台汉墓》中写道："张掖县和左骑千人官，并见于《续汉书·郡国志》的武威郡属，上文已提及。左骑千人官的建制不见于东汉以前，也不见于东汉以后，它是东汉时代相当于县级的特有建制。此墓属东汉，自毋庸置疑。从墓葬形制看，此墓为带有封土和斜坡墓道的多室砖券墓。这种墓制，在甘肃、陕西、河南、河北、内蒙古等地都发现过，年代大都属东汉后期。随葬的铜器、陶器形式与上述地区也相类似。从出土的陶罐、陶壶、陶瓮、陶灶以及铁镜等，与洛阳烧沟'建宁三年'墓（M1037）极为接近。前、中、后三墓室皆作盝顶，顶部彩绘莲花藻井，与山东沂南汉墓相同。这些都可以证明此墓也应属东汉晚期。"

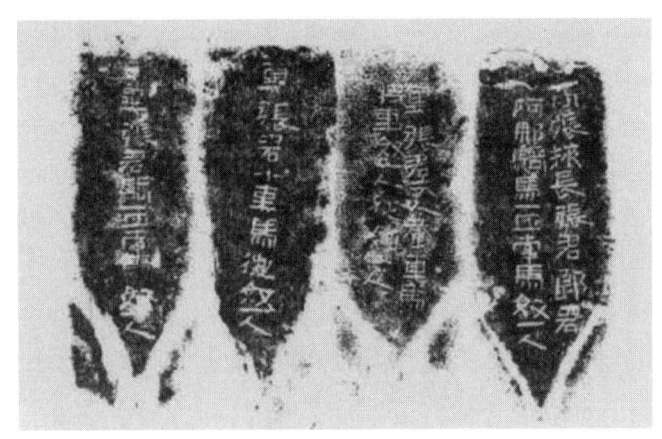

图10-3　雷台汉墓铜车马上的铭文

1974年的发掘报告应该是接触过考古现场的工作人员撰写的，当时他们觉得"此墓属东汉，自毋庸置疑"。没想到，后来关于这个年代，学界却争论得极为热烈，有的学者坚持东汉说，有的学者坚持西晋说，有的学者坚持北凉说，都有一定的道理。

这个墓穴出土的铜车马仪仗队，构成了一列军阵。在墓中陪葬军阵、车马、兵俑、武器的墓主基本上是习武用兵的帝王将相，如秦始皇、刘邦，而且其陪葬规模有严格的等级限制，车马可以有多少骑，可以建得多高多大，这些在古代的史书中都有专门的篇章记录。此墓使用铜车马仪仗队，而且将之摆放在墓穴的前室和中室，而不是另外挖掘俑坑或者摆放在耳室中，将整个墓穴布置成一个出行的场景，这一做法令人猜测不已。

图10-4　甘肃武威雷台汉墓的复原陈列图片

整个仪仗队包括39匹马、1头牛、14辆车、17个武士俑，看起来是一支组织严密的队伍。队伍的最前方就是马踏飞燕，紧跟着17匹马，马上有执戈武士，一共分三行。骑士们威风凛凛，手里拿着一种叫戟的兵器。在威武的骑兵后面是车队，车队的正中是一辆前导用斧车。后面是4辆豪华的辂车，车上有驾车的人，还有两个服侍主人的丫鬟。车前头站着8个人，从穿着上看，4个属于武官，4个属于文官，在他们身体背后发现了铭文，上面写着"张氏奴"。在这几辆车的马颈上也都刻有文字。车队后面又是一组5匹马组成的队列，中间一匹马身材高大，应当是主人的坐骑；其他的4匹前后并列，护卫着主人，是贴身卫士的从骑。队伍的后面还有一辆牛车。几十匹铜马各有各的姿态，十分生动。而所有的车辆都是仿真缩小的，据说后门还能开合。

有的人根据这些铜车马的排列方式，解读出其中暗含天马、天师（军队）、天神的寓意，故而得出墓主人有道教背景或有道教徒身份的结论，我们对这一结论可以存而不论,但通过这种说法从侧面可以感知这个仪仗队带来的疑问究竟有多大。

再看军阵:铜奔马摆在第一位,头冲着东方,奔腾而起,快若闪电;它后面的军阵里,大部分马匹呈伫立状,小部分则刚刚迈开腿,显得非常不协调。如果铜奔马是领头的,后面的马也应该是小跑飞奔的姿势才对。这也让人迷惑不解。

此外,这座墓的封土堆上为什么盖起了雷台呢?这个好理解一些。其一,后世修建雷台,可能恰好看中了这块地方,有现成的封土堆可以直接利用,何乐不为?其二,可能是张将军的后人,眼见将军墓葬刚刚埋好就被人盗掘,痛心之余,干脆弄了个大土堆包起来,增加盗掘的难度。墓穴的盗洞被人为修补过这一事实,可以做个旁证。旁人不会为别人家的祖坟修补盗洞,只有自家人才会这样做,而张姓族人长期在这一带做官,甚至做过独霸一方的诸侯,这种事情是有能力也有必要去做的。至于后世修建雷台观,那就完全是由于人们对高台是陵墓封土堆之事一无所知,所以修庙祈禳了。

雷台汉墓的魅力,可能就在于有这么多让人想不明白,越想越觉得有趣的事情。

二、教学运用

(一)教材相关问题解析

我们之所以在对雷台汉墓和铜奔马的学习研究上有这么多疑惑,其中一个重要的原因是我们对东汉末年到东晋初年有关河西走廊地区的历史掌握不多。史料的缺失当然会带来认识上的模糊。

河西走廊是中原通往新疆等地的咽喉要道,为西北—东南走向的狭长盆地。一般来说,它东起乌鞘岭,西至古玉门关,南北介于南山(祁连山和阿尔金山)和北山(马鬃山、合黎山和龙首山)之间,长约1000公里,最窄处宽仅数公里,最宽处则有近200公里,形如走廊,因位于黄河以西,故称河西走廊。凭借南北两侧的高山雪化形成的水流,走廊里形成了三个聚居地,就是敦煌、张掖、武威三个城市及其周边地域。

西汉以前，无论战国时期的秦国还是后来的秦朝，势力范围最西端不过到达临洮（今甘肃临洮），人们对再往西是什么样的地界，只有传说中的一些模糊认识。随着匈奴崛起，其首先控制了河西走廊，就是祁连山一带，并以此为依托，东侵秦汉，西伐西域，成为秦汉时期中原的心腹之患。秦朝派蒙恬收复了河套平原，但是在秦末，河套平原又被匈奴夺回。到汉朝初年，匈奴屡屡南侵，西汉根本无力对抗，局面一度严重到无法收拾的地步。西汉政府一方面对匈奴"和亲款物"，获得喘息之机；另一方面休养生息，力图反击。在反击匈奴的准备中，西汉政府非常注意马匹和骑兵的培养，因为在汉初白登之围中，汉军吃足了匈奴骑兵的苦头。

公元前139年，张骞出使西域，其主要目的一是结好西域诸国，二是侦察行军路线，都是为反击匈奴做准备。他的路线是从长安（今陕西西安）出发，经过河西走廊去西域，结果他被匈奴俘虏并扣押了十多年。等到他逃走并回国时，汉朝已经开始大力反击匈奴，取得了一系列胜利。但是西汉对匈奴的战争取得决定性成功还是在公元前119年的大反击中，此时回到汉朝的张骞也受命第二次出使西域，联络乌孙，最终乌孙使者随他入汉，使者代表乌孙王请求与汉和亲，汉朝将江都王之女刘细君作为公主下嫁乌孙王，实现了西汉与乌孙的和亲，加强了西汉对西域的掌控。此后西汉政府在西域采用先通商再建交的交往策略，取得了一定的效果，西域三十六国大部分表示了对西汉的向往与友好。这时，西汉已经牢牢控制住河西走廊，汉军前锋已经到达轮台（今新疆轮台）屯垦，武威、酒泉都已经设郡。其中酒泉郡、武威郡先期设立（前121年），后来又设立张掖郡（前111年）、敦煌郡（前88年）。这就是有名的河西四郡，加上敦煌以西的阳关和玉门关，史称"列四郡，据两关"。

以强大的军事力量为后盾，西汉最终在公元前60年（武帝的孙子宣帝在位期间）将西域纳入版图，设立西域都护府，统一管理西域各项事务。该地区逐渐由牧区变为农牧区，最终变成农业区。1949年后，考古工作者在兰州、武威、酒泉等地清理了汉代墓葬500多座，出土了大批文物，其中有大量的木简、漆器、陶器、铜器、铁器、丝织品、度量衡具、天文仪等，体现了中原地区先进文化在当地的传播。这时候，河西走廊仿佛一个扁担，一头挑着中原，一头挑着西域各地。这个地区对西汉政府来说，重要性无与伦比，西汉在此一直驻有重兵，并派遣重臣掌管此处。西汉元帝时的西域都护府副校尉陈汤，在击败北匈奴后，向汉元帝上表称："宜县头槁街蛮夷邸间，以示万里。明犯强汉者，虽远必诛！"此时汉朝在西域的统治相当稳定。

到东汉后期，随着政权的衰落，河西走廊也进入混乱时期，地方官员逐渐自立为王，开始割据。董卓就是凭借凉州的兵马一度操控东汉政局的。董卓死后，其部下李傕、郭汜带领凉州兵屠杀长安、洛阳百姓，祸乱一方。原来的河西走廊地区则群雄割据，马腾、韩遂等势力又你来我往，此起彼伏。直到三国时，魏黄初元年（220）十月，魏文帝曹丕派人重置凉州，州治武威郡姑臧县（今武威市），州辖武威等七郡，才算安定一时。西晋时，对河西走廊的管理也还有效，晋武帝曾任命马隆为武威郡太守，尚辖七县。东晋十六国时，河西进入"五凉割据"时期，其中姑臧县曾是"五凉"中前凉、后凉、南凉、北凉的都城。当时中国北方虽处于十六国时期，但偏踞西北的前凉张氏割据政权仍积极经略西域，使西域一度成为前凉版图之一部分。前凉疆域面积达120多万平方公里，是十六国时期的北方大国。这一时期在西域发展史上十分重要。

雷台汉墓为夫妻合葬墓，旁边是家族墓葬。墓中出土的随葬品多是汉族官员使用的器物。我们基本可以判断，不管墓主人是不是汉人，他们最起码是完全接受汉族文化的官员。这一点足以证明，汉代对河西走廊地区的有效管辖大大促进了当地的经济文化发展。

铜奔马可以作为一个例证，来证明汉代青铜器冶铸技术达到了何样的高峰。先说其奇特的造型：此马三足腾空，一足着地，其重心的把握是相当困难的。铜奔马出土后，很多后世仿制品无法将这样三足腾空的马匹（外形极不规则）立在一个支点上，原因即在于铸造时重心稍有偏差，马即无法站立。只有当上下前后的配重达到非常精确的程度时，它才能稳固地安置在地上，这令人叹为观止。

还有一个技术难点在于落地的那只马蹄如何支撑起马全身的重量。其坚韧的质地与马身上其他部位的材质大有不同。这些技术，不是发展了几百年甚至上千年，绝对达不到如此精湛的程度，这种精品轻易做不出。这样的青铜冶铸技术，以今天的科技水平想要模仿都不是一件容易的事，可见那个时候我国青铜冶铸技术有多么发达，这一成就足以让我们为祖先自豪！

（二）教学价值

在教学中何时采用铜奔马来辅助教学？现有的教材中强调汉朝反击匈奴、巩固统一的功业，在对这些内容进行讲解时，铜奔马有很大的实证作用。西汉军队（如霍去病的军队），能绕道到大漠深处去抄匈奴的后路，如果这些军队不是骑兵军队，没有配备众多马匹，不可能快速、安全通过万里沙漠，并保持战斗力，一举击溃匈奴主力。由于汉代骑兵当时是世界一流的军队，超过匈奴骑兵，所以霍去病才有封狼居胥、马踏匈奴的伟大功业。

其实汉初，在马匹质量和骑兵素质上，汉军还比较弱。司马光在《资治通鉴·汉纪》中就有这样的记载：

> 时匈奴数为边患，太子家令颍川晁错上言兵事曰："……今匈奴地形、技艺与中国异：上下山阪，出入溪涧，中国之马弗与也；险道倾仄，且驰且射，中国之骑弗与也；风雨罢劳，饥渴不困，中国之人弗与也；此匈奴之长技也。若夫平原、易地，轻车、突骑，则匈奴之众易桡乱也；劲弩、长戟，射疏、及远，则匈奴之弓弗能格也；坚甲、利刃，长短相杂，游弩往来，什伍俱前，则匈奴之兵弗能当也；材官驺发，矢道同的，则匈奴之革笥、木荐弗能支也；下马地斗，剑戟相接，去就相薄，则匈奴之足弗能给也；此中国之长技也。以此观之：匈奴之长技三，中国之长技五。"

据此，西汉制定了以骑兵反制骑兵的战略方针，大力培养汉朝骑兵部队，在民间鼓励养马。经过汉初近百年的休养生息，武帝时期才有能力给霍去病这样的将领提供长途奔袭所需要的战士和战马，从而一举击败马背上长大的匈奴士兵。这种长期培养，也使得汉代的人对马匹的特性有深入了解。

一些细心的学生在看到铜奔马的形象时，会对它跑步的姿态产生兴趣。

这匹马的步态是俗称的"顺撇子",也就是同侧的两肢一起动作,而不是大家习惯的"四蹄翻飞"。其实,这种动作叫"对侧步",是一种经过专门训练后的良好步态,既轻快又稳当,最关键的是,马通过同侧同向运动,带动身体左右轻微的摆动,可以将上下颠簸的动作减轻,使得骑乘者感觉更加舒适。这种驯养方式的产生与推广,没有经验上的积累与研究上的投入,几乎是不可能实现的,铜奔马从侧面印证了产生它的时代中国马匹驯养技术的发达。

另外,我们可以在谈汉代艺术风尚的时候,介绍铜奔马的夺人气势。课堂教学中,中学生反映,看过这件雕塑作品后,最能直接表达自己想法的词语是俊逸、飘洒,这个作品传达出一种积极向上的心态,很感人。中学生能说出这些已经很不错了。但是教师应该再引导一下。引导时,不要简单地解说,还应该配合展示一些图片,如秦陵兵马俑中的战马形象、西汉鎏金铜马的形象、唐代昭陵六骏的形象等,让学生自己品味,以此来加深印象。

在教学中,对于这些史料,教师怎么处理都可以,但是不要忘记,激发学生的学习兴趣是最重要的。

(三) 教学运用

铜奔马和马踏匈奴是汉代比较著名的两个雕塑作品,都与汉代西北边塞的生活有关,正好又一个造于东汉末年,一个造于西汉初年,且都是军队生涯的体现,把它们放在一起比较,将有一些内涵值得挖掘。

案例一

阅读以下材料,分析并回答问题。

材料一

马踏匈奴

西汉时代的雕刻家在"马踏匈奴"这座纪念碑式的雕像的构思与雕刻上表现出卓越的才能。它以简练的线条、雄浑的气势、象征性的手法,成功地实现了浪漫主义和现实主义的结合,达到了内容和形式的完美统一。这匹威武矫健、气度伟岸的马代表着大汉四夷臣服、万方来朝的国家形象；它也是墓主人霍去病短暂一生所建立的盖世功勋的艺术概括；它还体现了人民对和平的渴望。战马与匈奴首领形成鲜明的对照，前者是稳如泰山、镇定自若、睥睨一切的"静"，对它身下仰卧着的敌人甚至还带着点嘲讽的意味；后者是负隅顽抗、狼狈不堪的"动"。前者伟大，后者渺小；前者英武，后者卑琐。

材料二

铜奔马

东汉时代的艺术家，用青铜制成重达7.3千克的铜马，铜马呈飞奔状，昂首侧脸喷鼻，张嘴扬尾，三足腾空，右后足下踏一飞鸟状物件，展现了骏马和飞鸟争先恐后竞争的动人瞬间，而且巧妙地烘托出马蹄之轻快，马鬃马尾之飘扬，恰似天马行空，增添了铜奔马凌空飞驰的飘逸灵动。据说这匹铜奔马上缴后，考古人员第一时间就发现它的头部和背部残留有明显的彩绘痕迹。汉代在殉葬用的铜马或者木马身上描饰彩绘图案的时候，多用"云气纹"表现马匹腾云驾雾甚至展翅飞翔的样子。

就以上材料中的内容，谈一谈你对西汉和东汉时期社会风尚变化的认识，并且写出你的理由。

案例二

阅读汉唐时代不同的天马赞歌，谈一谈其中的具体差异究竟何在，是什么原因导致的。

材料一

汉武帝元鼎四年（前113年），武帝得到一匹生长在"渥洼水中"的天马，喜不自禁，遂作此歌。

天马歌

太一况，天马下，沾赤汗，沫流赭。

志俶傥，精权奇，籋浮云，晻上驰。

体容与，迣万里，今安匹，龙为友。

太初四年（前110），由于从大宛国那里获得"汗血宝马"，汉武帝喜不自禁，又作《西极天马歌》：

西极天马歌

天马徕，从西极，涉流沙，九夷服。

天马徕，出泉水，虎脊两，化若鬼。

天马徕，历无草，径千里，循东道。

天马徕，执徐时，将摇举，谁与期。

天马徕，开远门，竦予身，逝昆仑。

天马徕，龙之媒，游阊阖，观玉台。

1981年5月茂陵一号无名冢出土一匹西汉鎏金铜马。马高62厘米，长76厘米，通体铜铸鎏金，呈站立姿态，昂首挺立，气势轩昂，体态俊秀雄健，合乎解剖比例，头部造型尤为生动，系以西汉时大宛产的汗血马为模特精制而成。

图10-5　西汉鎏金铜马（茂陵博物馆藏）

材料二

天马歌
唐代　李白

天马来出月支窟，背为虎文龙翼骨。
嘶青云，振绿发，兰筋权奇走灭没。
腾昆仑，历西极，四足无一蹶。
鸡鸣刷燕晡秣越，神行电迈蹑恍惚。
天马呼，飞龙趋，目明长庚臆双凫。
尾如流星首渴乌，口喷红光汗沟朱。
曾陪时龙跃天衢，羁金络月照皇都。
逸气棱棱凌九区，白璧如山谁敢沽。
回头笑紫燕，但觉尔辈愚。
天马奔，恋君轩，駃騠惊矫浮云翻。
万里足踯躅，遥瞻阊阖门。
不逢寒风子，谁采逸景孙。
白云在青天，丘陵远崔嵬。
盐车上峻坂，倒行逆施畏日晚。
伯乐剪拂中道遗，少尽其力老弃之。
愿逢田子方，恻然为我悲。
虽有玉山禾，不能疗苦饥。
严霜五月凋桂枝，伏枥衔冤摧两眉。
请君赎献穆天子，犹堪弄影舞瑶池。

(1) 天马，实际上就是骏马。它们在汉唐盛世有什么样的不同际遇？结合所学的历史知识，分析产生这种变化的背景。

(2) 结合李白的诗作，谈一谈你对铜奔马艺术特色的理解。

第十一章 《竹林七贤与荣启期》画像砖图——魏晋风度的真相

一、文物介绍

它由近600块墓砖拼砌而成,形成一幅完整的西晋前后的大型绘画作品,它的内容是魏晋南北朝流行的隐逸之士的生活场景,却成了魏晋时期皇室贵胄墓葬的"标配",它就是《竹林七贤与荣启期》画像砖图。

图11-1 《竹林七贤与荣启期》砖画拓片局部。《竹林七贤与荣启期》砖画是南北朝时期的作品,它分两部分,总长4.8米,高0.8米,1960年在南京西善桥宫山大墓出土,国家一级文物,现陈列于南京博物院

(一)发掘经过

今天,江苏省南京市仍保留着几乎完整的明代城墙,却丝毫不影响其现代化的城市风貌。这是一种非常奇怪的风貌,但是又让前来参观的人感觉很

舒服。在中华门外西南二里多的地方,有一处历史悠久的街区,叫西善桥。相传在南唐时,南京牛首山的僧人为方便秦淮河两岸的百姓出行,发下誓愿,要在秦淮河上修建两座桥,经过四处化缘终于募集资金修成,按秦淮河的流向,将东边的叫作"东善桥",西边的就叫"西善桥",两座桥距今一千多年。从那时起,西善桥就是南京的地名之一,今天已然成为南京市中心的繁华地带。

1960年4月,地处南京西南的南京西善桥钢铁厂在西善桥附近进行厂区建设,大家就在附近的一座小山上取土。这座山当地人叫"宫山"。取土进行了几天,土层中忽然出现了大量青灰色的砖头,上面还有各式各样的花纹,有的像圆圈,有的像草叶,再往下挖,就明显感到土层松软浮酥。工人们赶紧上报,停止取土施工,几天后江苏省文物工作队南京分队的工作人员进入现场,开始发掘清理。将近一个月后,考古发掘顺利结束。

这是一座南朝时期的高级墓葬,为略呈椭圆形的带墓道长方形墓,墓葬总长8.95米,宽3.1米,高3.3米。墓室后部有砖砌棺床,墓室左右壁中部为拼嵌砖画,壁画前方距墓底1.1米。墓室内部已经被历代盗墓贼盗掘无数次,早就被盗掘一空,只留下一些残破的瓷器和陶俑等。但是墓穴主室南北墙壁上保存完好的墙砖上面烧制的阴刻花纹令考古队员们惊叹不已,花纹既像浮雕,又像绘画,而且规模很宏大。待考古队员们仔细照相、拓印后,他们发现每面墙上的花纹拼在一起是四个古装打扮的人物,两面墙共八个人,每个人身边还有一个竖框,框内刻有人名,经辨认,是阮籍、嵇康、刘伶、山涛、向秀、阮咸、王戎等七人,外加一位荣启期。后来专家将两幅砖画拼接在一起,恰好是一幅完整的画面,于是将其命名为《竹林七贤与荣启期》。

图11-2 《竹林七贤与荣启期》画像砖墓壁(南京博物院藏)

此前的考古发掘中还从来没有发现过如此精美的砖雕壁画，而且这等于发现了一张东晋前后的绘画作品，其意义可想而知！我们奉为珍宝的东晋作品，数量极为稀少，现在则增加一幅长卷，令人欣喜。

图11-3　东晋顾恺之《女史箴图》摹本局部（大英博物馆藏）

这个墓穴里出土的一些文物残片，证明这是一座皇帝陵。根据史书记载，刘宋孝武帝刘骏的景宁陵位于"丹阳秣陵县岩山"，据此，有学者认为，西善桥宫山大墓很可能就是景宁陵。

考古界有时也会出现考古发现扎堆的现象。例如，1968年前，考古工作者从没有发现过完整的金缕玉衣，但这一年河北满城汉墓出土中山靖王刘胜和窦绾夫妇的金缕玉衣后，很快国内扬州、广州等地接连发现多件金缕玉衣。再就是这个《竹林七贤与荣启期》砖画，自1960年南京西善桥宫山大墓第一次发现后，一些地方又陆续发现多处《竹林七贤与荣启期》砖画，虽然细节略有不同，但是仔细对比，可以断定基本是内容差不多的作品。

学术界由此也得出一个结论：南北朝时期，南京附近的高等级墓葬中，使用《竹林七贤与荣启期》砖画，是一种统一的规格或者礼遇，墓穴中有《竹林七贤与荣启期》纹样的墓砖，便基本可认定为是南北朝时期高官、王侯以上甚至是皇帝的大墓。

（二）文物介绍

宫山大墓墓室南北墙壁上镶嵌着的这个墓砖壁画分为两大部分，南边墙壁上是嵇康、山涛、阮籍、王戎；北边墙壁上是向秀、刘伶（刘灵）、阮咸、荣启期。南边壁画297块青砖，北边壁画291块青砖。（笔者在现场看展览时挨个点数，因距离远，可能有些出入）砖块具体总数到目前为止还没有发表过权威数据，不知是何原因。有人说是因为墓砖在现场有拓片，迁到博物馆陈列时与拓片有差异，这可能主要是墓砖风干移位造成变化，但是其基本内容不受影响。

图11-4　嵇康，《竹林七贤与荣启期》画像砖墓壁（南京博物院藏）

图11-5　山涛，《竹林七贤与荣启期》画像砖墓壁（南京博物院藏）

图11-6　阮籍，《竹林七贤与荣启期》画像砖墓壁（南京博物院藏）

图11-7　王戎，《竹林七贤与荣启期》画像砖墓壁（南京博物院藏）

第十一章　《竹林七贤与荣启期》画像砖图——魏晋风度的真相 | 147

图11-8　向秀，《竹林七贤与荣启期》画像砖墓壁（南京博物院藏）

图11-9　刘伶，《竹林七贤与荣启期》画像砖墓壁（南京博物院藏）

图11-10　阮咸，《竹林七贤与荣启期》画像砖墓壁（南京博物院藏）

图11-11　荣启期，《竹林七贤与荣启期》画像砖墓壁（南京博物院藏）

画上的八个人神态各异：南边壁画第一人是竹林七贤的核心人物嵇康，他正在抚琴，仰首闭目，一副特别投入、浑然忘我的形象。旁边是山涛，蓄长须，赤足弯曲膝盖坐于席褥之上，正举着酒杯想要畅饮，却若有所思，停杯在手，其神态解释为品酒、听琴、遐思均可。阮籍则侧身躺卧，右手屈指，放在嘴里，撮嘴长啸。最后一位是王戎，仰首，弯曲膝盖，赤足，左腿盘踞在右膝盖上，姿态也是闲适的，随意地躺在地上的席垫上，倚靠在一个小箱子上，手里摆弄一个类似今天痒痒挠的东西（应为如意），给人分外放松的感觉，连脚边的酒杯都没有动，酒杯里小鸭子样式的浮子，显示杯中是满满的酒浆。北壁半幅，从外向里，从一株银杏开始，首先是向秀，他头戴头巾，一肩袒露，赤足盘膝坐在皮褥上，侧身倚树做闭目沉思状。他身畔绘垂柳一株。然后是刘伶，刘伶光头露髻，双足盘坐席垫上，举右手于胸前，屈指似在算数，两目凝视，含笑自若，仿佛在算还剩多少酒。刘伶身旁绘银杏一株，银杏另一侧是阮咸，他戴头巾，飘带垂于脑后，双手抱一圆形琵琶于胸前，左手指按琴弦，右手指拨弦，正弹奏四弦乐器，注目凝神，盘坐于席垫之上。阮咸抱的类似琵琶的乐器正是他擅长弹奏的"阮咸"。阮咸傍绘阔叶竹一株，阔叶竹另一侧是荣启期。他面容苍老，明显是一位老者，光头，无须，身穿袈裟，腰系绳索，双手抚琴，琴置膝上，注目凝神地弹奏，赤足盘坐在席垫上。荣启期为春秋时人，传说孔子游于泰山，见荣启期鹿裘带索，鼓琴而歌，他是古代的"高士"，堪称隐逸之士的前辈，不知为何与后辈一起出现在此。笔者拙见，他就像是一个老师在看着自己的学生，既有期待，也有悲悯。很多人猜测荣启期的出现只是为了左右对齐，不过笔者认为没有这么简单。

通过将之与丹阳建山墓（疑为齐废帝陵）、丹阳胡桥墓（疑为齐景帝陵墓）内出土的《竹林七贤与荣启期》砖画相比较，可以看出这三者内容基本相同。只不过人物的标识略有差异，如有的砖画把山涛和王戎、向秀和荣启期等人的姓名砖弄颠倒了，由于人像的排列顺序是相同的，与宫山大墓出土的砖画一比较，就可以看出差异。另外，丹阳大墓的壁画，局部保留了彩绘的痕迹，由此可以推想，当年的宫山大墓里，《竹林七贤与荣启期》砖画很有可能也是彩绘作品。

宫山大墓壁画砖的另一侧有便于拼砌用的壁画名称和砖行编号，如"向上行第卅一"等，此处"向"代表竹林七贤中的"向秀"，数字则代表砖的具体摆放位置，这些很可能就是当年工匠修建墓室时的施工标记。据推测，这种壁画墓的施工工艺如下：先将粉本（原始绘画作品，可能在纸上，也可能在绢

第十一章 《竹林七贤与荣启期》画像砖图——魏晋风度的真相

帛上)复制翻刻在木模上,再用木模把图案印在砖坯上烧制成形,最后一一排列而成。之所以有些砖画拼凑得有点张冠李戴,主要原因在于姓名砖是独立于主题画面的,安装时随意性较大,如果工匠文化水平不足或责任心不强,就有可能造成这样的情况,今天不能把它们看作另外的版本。

这幅图里描绘了一些当时的日常器物,可以增加人们对当时社会生活的了解。比如说"浮"。古人席地而坐,酒具皆放置于地,要观察对方杯中剩酒多少不太方便,所以酒杯中常放一个木质的小鸭子,叫作浮,用以标识酒杯中余酒的状况。观看酒具中小鸭子位置的深浅即可确定是否需要添酒,这很是有趣。

再如,该图中王戎所持的类似今日"痒痒挠"一样的东西,叫作如意。据说如意是佛教徒的日常使用之物,在魏晋时期被人们广泛使用,作为闲谈时把玩的一种玩意儿,又叫"握君",是一件很有时代特色的器物。

图11-12 《竹林七贤与荣启期》之王戎

还有该图中阮咸怀抱的琵琶状乐器,后世就叫"阮咸"(极易与琵琶混淆,琵琶曲柄,阮咸直柄),宋代后简称"阮"。它是我国汉代发明的乐器,在直柄下安装木制圆形共鸣箱,有四根弦、十二个音柱(也有十三个音柱的),演奏时多竖抱于怀中用手弹奏。因为阮咸特别擅长演奏它,后人以他的名字命名这种乐器。图中阮咸横持乐器,大异常态,这可能也是他表达愤世嫉俗态度的一种方式吧。

(三) 文物分析

宫山大墓的壁画砖是国家一级文物,是不允许出境展览的国宝,是南京博物院的镇馆之宝。可是对于今天的人们来说,这个青砖拼凑起来的画,远看一堵墙,近看几团麻,怎么会是贵重的文物呢?它究竟有什么价值呢?

它的最大价值,就在于我们相当于发现了一幅东晋南北朝时期的长达4.8米的大型画卷,为皇室专用;其笔法细腻,生动传神,出自名家之手,有可能是东晋至南朝的戴逵、顾恺之、陆探微和张僧繇等中国画史上早期的宗师的作品。由于历史久远,上述画家的作品基本已失传,只有顾恺之一些作品有唐、宋各代摹本存世。墓砖壁画的绘画技法和审美风尚,使我们可以一窥前人作品的风采。

中学历史教学中简单提及过顾恺之,大家对他的《女史箴图》《洛神赋图》都有较深的印象。顾恺之(约344—405),江苏无锡人,字长康,小字虎头,世称顾虎头。他生于东晋时期,多才多艺,不仅善画,在诗文、辞赋上也很有造诣,为人诙谐幽默,有时行事似痴如狂,时人称之为"三绝":才绝、画绝、痴绝。他的代表作《女史箴图》,内容源于西晋惠帝时大臣张华的《女史箴》一文。张华有感于当时的贾皇后纵容外戚、跋扈擅权,简直是无才无德的典型,便收集了历史上历代著名女性的事迹写成《女史箴》。他强调女德,尤其是强调上层妇女更应该有高尚的品德追求,鼓吹女性贤良淑德,书成后社会流传甚广。顾恺之根据《女史箴》的内容作画,有图有文,故称为《女史箴图》。因年代久远,现存自"冯媛当熊"至"女史司箴敢告庶姬"共9段:①冯媛当熊;②班婕好割欢辞辇;③物无盛而不衰;④修容饰性;⑤神听无响;⑥比心螽斯;⑦宠不可专;⑧靖恭自思;⑨敢告庶姬。每段绘画配有题字,其内容主要有:①缺失。②班婕有辞,割欢同辇。夫岂不怀,防微虑远。③道罔(此字大英博物馆本缺失,据故宫博物院本补全)隆而不杀,物无盛而不衰;日中则昃,月满则微;崇犹尘积,替若骇机。④人咸知修其容,莫知饰其性。性之不饰，或愆礼正；斧之藻之，克念作圣。⑤出其言善，千里应之。苟违斯义，同衾以疑。⑥夫言如微，荣辱由兹。勿谓玄漠，灵鉴无象；勿谓幽昧，神听无响；无矜尔荣，天道恶盈；无恃尔贵，隆隆者坠。鉴于小星，戒比攸遂；比心螽斯，则繁尔类。⑦欢不可以渎，宠不可以专。专实生慢，爱则极迁。致盈必损，理有固然。美者自美，翻以取尤。冶容求好，君子所仇。结恩而绝，寔此之由。⑧故曰翼翼矜矜，福所以兴。静恭自思，荣显所期。⑨女史司箴，敢告庶姬。画为绢本，设色，纵24.8厘米，横348.2厘米，现藏于大英博物馆。传说第二次世界大战中英国政府为答谢中国军队孙立人部在仁安羌死战，救出7000名英军及大量随队属员，曾有返还该画以表谢意的提议，后来改为用一艘潜水艇答谢。

顾恺之的另一杰作《洛神赋图》，是目前为止发现的第一幅以文学艺术作品为蓝本改编的绘画作品，现存有唐、宋时期的摹本，以北京故宫博物院所藏最佳。这幅画中的人物表现手法和植物配景形式与《竹林七贤与荣启期》最相近，见图11-13。

图11-13　东晋顾恺之《洛神赋图》摹本局部（北京故宫博物院藏）

陆探微，江苏苏州人。生于南朝刘宋时期，生平不详，与顾恺之在画界齐名，人称"顾陆"。但顾恺之不仅绘画才能出众，也很擅长为官，是当时的一位朝廷大臣；陆探微只是一介平民，即便画技出众，在当时的社会环境下也并不受重视。但是陆探微在中国绘画史上却是名人：他是正式以书法入画的第一人。史载其善画人物,曾经画过竹林七贤、荣启期与孔子等圣贤之像。今人称他:"妙绝丹青,长人物故实,兼营山水草木,参灵酌妙,动与神会。其作佛画及古圣贤像,笔迹劲利如锥刀,盖移书法之用笔于画法,自然秀骨天成,体运遒举。"宫山大墓的《竹林七贤与荣启期》若是陆探微之作,其意义可想而知。

目前从表现手法、画法技巧等方面对比来看,顾恺之的《洛神赋图》《女史箴图》等作品与《竹林七贤与荣启期》有很高的相似度;从历史记载来看,陆探微曾经画过相同题材的内容,受到当时社会的关注与好评,他若创作过《竹林七贤与荣启期》,其画被选中成为墓砖壁画的粉本也很正常。不过有人从事理来推求,认为顾陆二人齐名,画法应该相近,而且顾恺之的名气大、官职高,又是前辈,用他的画可能性更大,毕竟这是皇家墓葬。

其实对于今天的大部分人来说,无论作者是顾是陆,都一样是稀世珍宝。大家更关心的是南北朝时期墓葬中壁画为何如此盛行,竹林七贤的形象为何能成为皇家墓葬中的基本要素。

中国古代的壁画与西方相比,在年代和影响力方面不相上下。笔者隐约感觉,壁画可能是绘画艺术最早的社会表现形式,而且其题材、手法也是最早为大众服务,接受大众筛选而不断形成与固化的。我国于20世纪70年代在陕西咸阳渭城区窑店镇(今窑店街道)秦咸阳宫遗址发现过壁画。当时在第三号宫殿建筑遗址的长廊残存部分壁画,即九间廊道东西两面30多米的墙壁上,发现了成组的长卷轴式彩绘壁画残迹,之后它们被揭取并收藏起来。该壁画中最显著的形象是一支七辆马车组成的行进队列,每辆车由四匹奔马牵引,这是成语"驷马难追"

图11-14　陕西咸阳秦咸阳宫壁画遗存《驷马图》实景图

中骃马现存的最早形象。可惜壁画绝大部分因年代久远漫漶不清或因残片过于破碎难以释读,但是从中能直观感受当时的文化气息,也难能可贵。我们还可以由此知晓,那时的绘画作品以写实为主,画面相当逼真。

图11-15　山西太原市北齐娄叡墓壁画《牛》实景图

当然,像《骃马图》这样的室内壁画,对于考古工作者而言是可遇不可求的。我们现在看到的壁画,以出土地点而言,基本上是在墓葬里。其中以南北朝时期的壁画墓最有特色。从汉代到隋朝,有很多壁画墓,其中著名的壁画墓在全国范围内有百余座(近三十年动土的机会多,大量新发掘的壁画墓正在不断地充实这个队伍),壁画内容丰富,有星座天象、五行阴阳、神仙鸟兽、历史大事、车马建筑及墓主人生活场景等,令人叹为观止。

我们熟悉的主要是画像砖墓或画像石墓。这种画像砖或画像石,指的是表面有模印、彩绘或雕刻的图像的墓砖,它内容丰富、图案精美,绘有阙楼桥梁、车骑仪仗、舞乐百戏、祥瑞异兽、神话典故、奇葩异卉等,深刻反映了当时的社会风貌,内容珍奇,画技古朴,尤其以东汉时期的画像砖、画像石最著名,其表现手法非常有特点,是剪影式的作品,线条朴拙,一眼就能分辨出来。

图11-16　山西省太原市北齐徐显秀墓壁画实景图

从魏晋南北朝时期开始,厚葬之风已经渐渐不兴,墓葬里用画像砖、画像石的情况越来越少,只有一些大型墓葬里还保留着画像砖,比如南京宫山大墓,其他的地方则较少发现。最重要的是,这一时期画像砖的艺术表现手法与两汉画像石的抽象手法相比,还是有很大差别的。其采用的是与绘画更相近的细密、写实的表现形式。此外还有一个很重要的差别:很多画像砖上出现了文字标注,这在以前很不多见。例如,1957—1958年发掘的河南邓州魏晋南北朝墓葬中出土的《郭巨埋儿》彩色画像砖上有"郭巨、妻子、金一釜"的字样。

图11-17　四川成都汉代画像砖(四川博物院藏)

总之，与两汉墓葬的画像砖相比，到魏晋南北朝时期，墓葬中壁画的使用越来越见规模，由单幅向多幅、组图、连环画的方向发展；画风也越来越写实，具体内容的选择则根据墓主人的生平、地位、喜好、当地的习俗来决定。比如南京宫山大墓，就根据当时南朝的世风崇尚的形象来描摹构图。画中的人物体形消瘦，举止不拘形迹，明显就是对当时社会风尚的具体反映。至于为什么用竹林七贤的典故作为皇室墓葬的壁画内容，这或与当时的社会思潮有关。

二、教学运用

（一）教材相关问题解析

魏晋南北朝时期，中国社会比较混乱，经历了由盛转衰的过程，政治黑暗，战争频繁，国家陷入巨大而长期的分裂当中，下层百姓固然苦不堪言，就是中上层人士，也多有朝不保夕、日薄西山的颓废心理。无论在现实世界还是精神世界，人们都渴望找到解脱的办法，最终导致社会政治、思想领域都发生了剧烈的变化，新的社会力量产生并壮大，最终再次统一中国，结束了动荡的局面，使中国重返盛世。这些内容在中学的教材和教学实践中虽多有提及，但是学生对之感受还是没有那么深刻。教师在教这一时期的历史时，有必要进行深入挖掘，尤其要在当时的社会思潮变化方面多下功夫。

首先，教师要注意讲清楚这一时期政治混乱导致的思想混乱。与强盛的西汉王朝相比，短暂的西晋内乱不止，从东汉末年到西晋灭亡，不到一百年的时间内，刘氏家族、曹氏家族、司马氏家族，三个高居权力顶端的家族上演了走马灯似的地位变幻：皇位被夺、家族势力消弭，汉献帝刘协、魏高贵乡公曹髦、晋惠帝司马衷有着同样的遭遇。反抗者惨死于前，后继者只能退而自保或者卖身求荣。这种存亡与富贵利禄的无常，迫使很多人开始反思人生应该怎样度过，反思究竟什么是成功。这种反思引领了一种社会风潮，就是逃避现实、逃避责任。此后，代替西晋的是东晋、北魏、宋、齐、梁、陈等更加动荡的朝代，这段时间持续得也更长久。于是这种对人生、对成功的反思也就更加彻底与持久。在这种反思下，人们将怀疑的目光对准了当时的社会统治思想——儒学。

西汉"罢黜百家，独尊儒术"的政策确立了儒学的崇高地位，赋予其巨大的社会期望。可是因为种种难以解释或难以确定的主客观原因，两汉的儒学最终辜负了社会的期望。儒学在西汉是统治思想的核心与支柱，到魏晋南北朝时却早已风光不再。其实从东汉末年"举秀才，不知书；察孝廉，父别居"的俗谚里就已经显示出这一苗头，但是真正冲击儒学崇高地位的还是东汉末年纲常紊乱，社会统治黑暗，人民生活极度颠沛流离的现象。尽管这种现象的形成有深刻的、复杂的原因，但是对当时人来说，最直观的感觉就是主流思想十分无力，甚至迂腐可笑。

再加上周边异族入侵，匈奴、鲜卑、羯、氐、羌等大规模进入中原腹地，且不再像过去那样只是骚扰一时，而是建立割据政权，有的还传了好几代人，这在以前也是从来没有过的。这些冲击导致儒学的体系难以自圆其说。社会的纲常伦理、仁义道德废弛，儒学的精神支柱也轰然倒塌。人们失去了思想的指引，最终自然走向虚无。

其次，教师要讲清楚当时社会的流行思潮产生和发展的具体过程。以竹林七贤为例，他们都是曹魏末年到西晋初年的人，阮籍、嵇康、山涛、刘伶、阮咸、向秀和王戎等七人，以趣味相投而聚合。其中阮籍是七人的精神领袖，在历史上是比较著名的隐逸之士。关于七人是否在竹林聚会，竹林究竟是竹子林还是一个地名，今天有多种说法，不必拘泥。陈寅恪认为先有七贤，后有竹林，有这个解释，也就足够了。

竹林七贤有的出身贵族，有的出身平平，但都是那个时代的知名人士。有关他们的事迹，此处不再赘述。他们的共同之处在于：面临当时动荡无常的政治环境，虽然他们有抱负与追求，对社会变化非常不满，更不愿与之同流合污，但是他们却无力改变现实，只能采取非暴力不合作或消极合作的态度，意图保持灵魂的独立。但是，西晋统治者不能容许他们的这种行为，对他们进行了严厉的镇压。在这种重压下，尤其是在嵇康遇害一事的打击下，他们走向消极避祸的道路。他们放浪形骸、行为乖张，只是为了明确告诉统治者，自己已经是废人一个，希望统治者不要苦苦相逼。这种避祸的举动，从其结果来看，还是达到了部分目的，最起码他们大多得以"苟全于乱世"，比如王戎就平平安安活到72岁。另外，在摆脱正统教育和传统观念的束缚后，竹林七贤还获得了一种真正的适意，得到人生的全新体验，套用现代的话来说，便是活得很潇洒。这颇让那些仍然活在束缚中的人艳羡，因为无论一个人在现实中地位多高、权势多大，但凡为名利拖累，不如意之事常十之八九。到后来的东晋与南北朝时期，政权更迭更加频繁，大多数小朝廷三五代即告灭亡。以致当时有末代帝王赌咒发誓，愿生生世世不再生于帝王家，皇帝做到这个地步，也难怪要羡慕竹林七贤。

最后，教师要讲清楚当时社会思潮变动的思想来源。竹林七贤的人生经历和思想成就本不足以让此后的社会大肆效法。我国古代隐士很多，前有伯夷、叔齐，后有陶渊明，这些人的名气丝毫不亚于竹林七贤，可是为什么在东晋南北朝时期，单单他们成为最高统治者的选择？因为当时佛教和道教的思想流行，放大了他们的影响力。

在乱世纷纭中，异域传来的佛教仿佛能给予痛苦中的世人一种解脱的方向。传入中国的佛教，一开始依附于黄老，后来又归于玄学，发展程度始终有限。直到魏晋南北朝，尤其是东晋"衣冠南渡"后，佛教迅速发展壮大起来，开始自成体系，在南方大加传播。一时间，佛教盛行，佛教徒遍地，正如唐代杜牧感慨的那样，"南朝四百八十寺，多少楼台烟雨中"。佛教讲"无常"，而那时的社会现实正是无常的恰当注脚。魏晋之前，一个朝代从兴起到衰亡，常需经过一个绵延上百年的过程，现在却在弹指之间便能完成。身处东晋较稳定时期的王羲之，以其高官显贵的身份，还会在《兰亭集序》中感叹："向之所欣，俯仰之间，已为陈迹，犹不能不以之兴怀，况修短随化，终期于尽！古人云'死生亦大矣'，岂不痛哉！"

儒学的衰微，一方面导致佛教盛行起来，另一方面导致中国本土的道教再度兴盛起来，当时涌现出一大批道教学者，如葛洪等，且产生了一批崇尚"清议"的学者，开始研讨《老子》《庄子》《周易》这三部号称"三玄"的经典著作。在这三部著作里，较多谈及"天地开辟，鸿蒙初断"等玄远之事，却远离人世间的真实生活。上述学者的研究被称为"玄学",意思是高深玄妙的学问,这是因为其与儒家对人世的关怀大相径庭,更关心那些与现实关系不大的事情。研究玄学的这些人中,不乏世家大族人士。他们原来多以研究儒学经义而闻名于世,对于所谓玄学思想并不在意。到了这种动荡时代,他们发现玄学的思想迎合了人们的思想需求,在社会上的影响很大,便积极投身其中。有了他们的加入,这种思潮逐渐流行起来。阮籍早年也学习儒学,"昔年十四五,志尚好诗书",但是由于西晋的政治压迫,他投身玄学,成为魏晋玄学中的重要人物,他曾写过两篇著名的论文《通老论》《达庄论》。之后,研究玄学的人渐渐地多了起来,引领了思想界的潮流,连统治者也渐渐被吸引过来,这或许就是《竹林七贤与荣启期》在皇家墓葬里出现的基本原因。

(二)教学价值

在中学历史教学中,教师大都不太在意有关分裂时期的教学。其原因一是分裂时期历史头绪多,线索杂乱,难以把握,二是分裂时期国家从上到下都比较衰落,乏善可陈,教师不愿意多讲,学生也不爱学。魏晋南北朝时期就是一个典型的例子。教师在有限的课时内,能把南方的东晋到宋、齐、梁、陈,北方的十六国到北魏、东西魏、北齐、北周这一系列混乱的发展过程讲清楚就非常不容易了,遑论其他。但是,仅仅厘清朝代更替的线索的话,又会引发新的问题:隋唐大一统的格局,究竟是从何时开始确立的?中国再度统一的政治、经济、军事基础又何在?要回答这些问题,还是需要教师们花费一点时间来谈谈这段历史,重点是讲清楚这一段混乱时代产生的缘由。

首先教师应该帮助学生认识东汉以来统治阶级内部的变化,这是魏晋南北朝时期内乱不止的重要原因。这里面最重要的是士族与庶族的关系问题。

什么是士族?第一,是"士",不是一般的人。士,最大的特点是有文化、有知识,他们在古代史上是一个特殊的人群,不像秦代以前的贵族,全凭着血统来掌控权力。士在当时是被世人寄予很高期望的读书人、当官的人。第二,他们抱团成为"族",通过各种各样的关系结成集团,如血缘(这一关系最牢固,但是在人数上往往远远不够)、联姻(通婚而成为亲戚,古今通例,但是人数和牢固程度都不大够)、师承(通过这一点结成的关系,往往涉及的人数量很多,但是在稳定性上最差)。如果不勉强划分的话,只有血统结成的士族才是真正的"士族"。魏晋南北朝时期流行的家谱修订,就是一种巩固族群、纯洁族群观念的外在表现。在这里,师生关系一点作用也没有,姻亲也基本体现不出来。

士族是怎样形成的?士产生于商周,是介于卿大夫和庶民之间的一个阶层。在春秋战国时代,士需要东奔西走地讨生活,只能依附于喜欢招揽人才的贵族,如喜欢养士的孟尝君、信陵君、平原君等。运气好,士能纵横六国;运气不好,死在外面也是常事。秦国重军功,武士比较受重视,文士待遇一般;到了汉代,武士受到打压,文士则比较受重视。尤其是罢黜百家后,读儒学经典的文士变成经生,他们只要名气和品行不太差,凭借所学的专业知识就可以当官,甚至当很大的官。他们不必再去依附权贵,因为他们自己就可以成为权贵。士有文化,又有了官职,财富和地位就接踵而来。这样,他们的家族就逐渐壮大,而且日益盘根错节。原来的贵族靠血缘世袭官职,而他们靠知识文化世袭官职。

从汉武帝开始,擅长儒家经典的人当官之后,他的子孙可以靠他当官,他的学生也能靠学他的知识当官。到西汉末年至东汉初年,他们成为所谓豪强地主的绝大部分来源(豪强地主还有一部分起于军功或商业,但是大多旋起旋灭)。许多中国古代显赫的名门望族就起源于这个时期,它们具体包括(按社会影响力排行):①陇西李氏;②赵郡李氏;③弘农杨氏;④太原王氏;⑤琅邪王氏;⑥陈郡谢氏;⑦清河崔氏;⑧荥阳郑氏;⑨范阳卢氏;⑩太原温氏。

士族在当时起了什么作用?值得肯定的,第一是他们对文化知识的传承与发展所做的贡献。文化上的地位与士族的生存发展休戚相关,所以他们努力维持着自身的文化水平,自然不必赘言。第二是士族是很重视名誉的一个群体,比起那些政治、经济、军事上的暴发户,他们值得称赞的方面有很多。比如他们追求的"名士风度",虽然有时让人觉得可笑,但终归是一种向上的精神追求。第三是士族作为社会的中坚力量,在魏晋南北朝时期维持了一段时间的政治平衡，对经济文化的恢复与发展有利。不值得肯定的第一是他们把持政权，操纵国家机器。东晋时"王与马，共天下"就是例子。东晋以来，甚至包括三国曹魏以来，他们一直操纵着政治。他们操纵政权的手段，主要是"选拔人才看门第，门第高低看家谱"。（从这一点上说，曹丕确实不是曹操的理想继承人。曹操讲究"唯才是举"，曹丕实行"九品中正制"，与其父背道而驰）他们还撺掇皇室内部闹分裂，动不动就扶植一个皇室成员篡权，或者争权夺利打内战。第二是他们搞官职垄断，堵塞其他阶层，尤其是寒门庶族的上升道路。他们自身又日益腐化堕落，成了社会的寄生虫与绊脚石。

其次，教师还应该指出，在魏晋南北朝时，很多皇帝本身是庶族出身，比如刘宋的开国之君刘裕。他们出于自身的需要，积极反对旧有的社会习俗，这与"竹林七贤"的作为有一定共通之处。魏晋南北朝的士族有一个先天不足之处，那就是大部分不懂军事，其中严重缺乏能直接上阵厮杀的人才。出于这个原因，士族老是拉拢一帮"粗人"替自己抢夺政权，自己则躲在幕后操控实权。东晋以后宋、齐、梁、陈四代，都是大将作乱夺权，而不是士族亲自出马，操刀上阵，原因即在于此。但是士族这样做，在无意中也培植了自己的掘墓人——庶族地主。

庶族地主就是在士族的蔑视下逐渐成长起来的新兴地主（中小地主）。随着两汉社会经济的发展，尤其是铁器和农耕、灌溉技术的普及推广，社会财富开始有了一定的增长。士族搜刮不尽，而很多下层百姓因为生产力的提高，可以依靠自身的努力摆脱士族的绝对控制，获得一定的财富，尽管这些财富的数额是很小的，享有这些财富的人地位是很低的。

这些庶族地主地位虽低，但还是有一定的知识与能力，又大多从事士族不愿意做的具体事务，经验与能力都不缺乏。面对堵住自己人生上升道路的士族，庶族地主能采用的只有一个办法，那就是和他们比拼武力。另外，士族喜欢利用庶族做自己的工具，两者在合作的过程中，有一部分庶族获得极大的政治权力，甚至当上了皇帝。面对这种变化，士族的反应极其迟钝，它们不是敞开大门欢迎新加入者，而是采用极其愚蠢的办法对待庶族：不承认它们的现实地位,并经常打击和羞辱庶族。这些被歧视的庶族,采取了一系列手段来巩固自身权力、打击士族势力,其中最著名的就是"侯景之乱"。投降南朝的北方叛将侯景,因为向南朝士族求婚受辱,再加上害怕被当作筹码交换回北朝,举兵发动叛乱,消灭了萧梁政权,杀掠南方士族数万人,使许多世家大族蒙难。

南北朝的历史就在这种士族与庶族势力此消彼长的过程中慢慢走完了。南朝这些出身庶族的统治者,因为对士族制定的歧视庶族的社会原则严重不满,因而对蔑视礼法、嘲讽世俗的竹林七贤有了一定的崇敬之情,希望像他们一样,打破这些僵化的社会习俗,这也可能是他们在墓葬中安排竹林七贤壁画的用意。

(三) 教学运用

《竹林七贤与荣启期》墓葬壁画,在教学中可以有三种用途。①讲解魏晋时期的书画艺术成就。②讲解竹林七贤本身的事迹,使学生了解魏晋南北朝时期的隐逸文化。③通过竹林七贤的遭遇,描述当时的黑暗政治与士族的腐朽,从而引导学生认识到国家统一的优势。

案例一

阅读以下材料,并回答问题。

材料一

咏怀·其一

阮籍

夜中不能寐,起坐弹鸣琴。薄帷鉴明月,清风吹我襟。

孤鸿号外野,翔鸟鸣北林。徘徊将何见? 忧思独伤心。

材料二

阮籍的《咏怀》诗或隐晦寓意,或直抒心迹,表现了诗人深沉的人生悲哀,充满浓郁的哀伤情调和生命意识,无不给人以"陶性灵、发幽思"的人生启悟。

阮籍的诗形象地表现了魏晋之际一代知识分子痛苦、抗争、苦闷、绝望的心路历程,具有深刻的思想意义和认识价值,对五言诗的发展做了重要的贡献。

(1) 结合历史课上所学的"竹林七贤"的知识,解释阮籍《咏怀》诗的主要意思,并评价他的文学成就。

(2) 以阮籍为例,谈一谈你对"竹林七贤"思想的认识。

案例二

阅读以下材料,并回答问题。

材料一

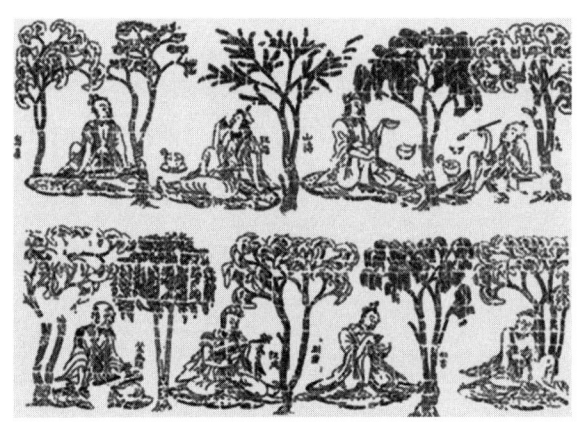

图11-18 竹林七贤及荣启期

材料二

①嵇康(约223—约263),三国魏著名文学家、思想家、音乐家。字叔夜,谯国铚县(今安徽濉溪)人。嵇康是魏宗室的女婿,曾任中散大夫,世称嵇中散。②阮籍(210—263),三国魏诗人。字嗣宗,陈留尉氏(今河南开封)人。他是建安七子之一阮瑀的儿子。朝廷召阮籍为参军,他托病辞官归里。③向秀(约227—272),字子期,魏晋间文学家。河内怀县(今河南武陟)人。向秀作《庄子隐解》,解释玄理,影响甚大,对玄学的盛行起了推动作用。④刘伶(约221—约

300），字伯伦，沛国（今安徽淮北）人。魏末，曾为参军。晋武帝泰始初，召对策问，强调无为而治，遂被黜免。他反对司马氏的黑暗统治和虚伪礼教，为避免政治迫害，遂嗜酒佯狂。⑤王戎（234—305），字濬冲，琅琊临沂（今属山东）人。西晋大臣。幼颖悟，神采秀彻。善清谈，与阮籍、嵇康等为竹林之游。⑥阮咸（生卒年不详），字仲容，"竹林七贤"之一，阮籍之侄，时人并称叔侄二人为"大小阮"。他历官散骑侍郎，补始平太守。山涛认为他"贞素寡欲，深识清浊，万物不能移。若在官人之职必绝于时"（见《晋书》本传），但晋武帝认为他耽酒虚浮而不用。⑦山涛（205—283），字巨源。河内怀县（今河南武陟西南）人。三国至西晋时期名士、政治家。山涛早年孤贫，喜好老庄学说，与嵇康、阮籍等交游，四十岁时，才任郡主簿。

(1)看材料一中的图，再结合材料二中的文字，想一想画家为什么这样描绘"竹林七贤"的形象，这样画合不合适？

(2)你是怎样理解"竹林七贤"在图画中表现出来的行为的？

第十二章 秘色瓷盘——唐代兴衰的见证

一、文物介绍

它一千多年来只是在历史典籍中隐约现踪，我们只能从陆龟蒙的诗作中揣摩其样子。"九秋风露越窑开，夺得千峰翠色来"和雨过天青色，都被用来形容它的迷人风采。直到二十世纪八十年代，世人才揭开它神秘的面纱。它是中国古代制瓷业的扛鼎之作，它就是秘色瓷葵口盘。

图12-1 唐代秘色瓷葵口盘，侈口平折沿，呈葵口形，高6.1厘米，口径23.8厘米。1987年陕西省宝鸡市扶风县法门寺出土，国家一级文物，现陈列于中国国家博物馆

（一）发掘经过

陕西省是重要的文物资源大省，以汉唐时代的文物丰富而著称。从西安向西，快要到宝鸡市区的地方，有一个扶风县，县里有一座寺院，名唤法门寺。1987年，该寺唐代佛塔地宫中出土了许多唐朝珍贵文物，一时间闻名遐迩。

第十二章　秘色瓷盘——唐代兴衰的见证

法门寺在历史上原本就非常出名。该寺据说始建于东汉时期，距今有近两千年的历史，素有"关中塔庙始祖"之称。最初其名为阿育王寺，是全国19处佛骨舍利安放点中的第五家。从北魏开始它的地位就不断地向皇家寺庙靠近，唐代正式成为皇室专供庙宇。法门寺在唐代不断扩建庙宇，获得捐献的庙产，最终成为古代中国规模最大、等级最高、僧人最多的皇家寺院之一，用于皇家礼佛，寺庙中有协助皇帝迎佛骨舍利到皇宫瞻仰的各项设施与人员，并且一直保留到唐朝灭亡。

此后法门寺从宋代到民国一直保存下来，虽历代都得到修葺保护，但是远远不如唐代那样声势煊赫。明代吴承恩的《西游记》第十三回里描述过唐僧出长安后的行程，其中就有法门寺的相关介绍。在清末的戏剧中，还专门有《法门寺》这部剧目。（该剧源自明朝真实故事，后来改编为京剧、秦腔等多个剧种）

法门寺里有一个佛骨舍利塔，此塔历代称呼不一，式样与结构也不相同。唐代时期是一座木塔，被称为大圣真身宝塔。明隆庆三年（1569），因为连续两次地震，唐代四级木塔崩塌。到明神宗万历七年（1579），陕西地方民众捐资，历30年而重建宝塔，改为密檐式八角砖塔，塔共13层。据说塔上铜铃的声音可以传到十里以外，为关中胜景之一。不料清朝初年，塔因为地震而开裂倾斜，出现了一个分而不裂、歪而不倒的奇观。1981年夏季，在雷雨交加中，砖塔从中间裂缝处坍塌三分之一，摇摇欲坠。

从1981年到1985年，塔身部分虽然保持屹立，总归让人担忧它倒塌伤人。同时，在倒塌的宝塔瓦砾堆中，法门寺文物管理所人员和其他单位考古人员发现了大批珍贵的古代佛经、佛像以及碑刻等文物，并上报给相关单位。对于残塔的处理，上级主管部门极为重视，就两个方案反复论证：一种是把塔拆除后重新修建，另一种是保护残塔。最后大家决定拆掉其中5—13层。

上级派出考古队来进行检查发掘，并拆除了部分塔身。在那拆除的塔身上又发现了许多珍贵的文物。1986年陕西省人民政府决定重修寺塔，于是陕西省文物工作队开始进行塔基清理。在走访调查的过程中，工作队发现，地宫中有大量珍宝的说法并非空穴来风。

图12-2 部分倒塌后的宝塔（1981年8月24日）

首先是文献记载。宋人笔记言及此塔下有地宫，唐供奉佛骨舍利，其下多金银珠玉。其次是明代修砖塔时，修塔工人曾经进入地宫，言其深有数丈，下面金碧辉煌。再次是民国时期朱子桥先生维修宝塔时，也发现了地宫入口，但是他当即将之回填掩埋，并与在场人员发誓绝不泄露地宫的秘密。最后是在"文化大革命"中，有造反派意欲毁塔发掘地宫，当时的法门寺高僧良卿法师用自己的生命捍卫了地宫的安全。以上信息汇总到考古队，大家研究过后，觉得地宫肯定存在，只是不知道确定的方位，尽管马上要发掘，却不清楚地宫入口何在。

1987年4月3日，考古队将原来宝塔的基础清理干净，暴露出唐、明两个塔基。外圈是唐代木塔塔基，内圈是明代砖塔塔基。在明代塔基的最中间，发现了一块巨大的汉白玉石板，清除表面的浮土后，石板中央现出一尊精美的线刻雄狮，身体半蹲半踞，微张的巨口中衔着一个大铁环。雄狮左蹄前侧的汉白玉石板一角已碎成两块，用白灰黏合，有挪动痕迹（此即民国年间朱子桥先生修塔时，民工误触石板，揭开地宫一角之处）。第二天，考古发掘范围全面扩大，考古人员在地宫附近拉开距离进行钻探，终于找到了地宫的入口，它就在塔基的正南面数十米外。整个地宫仿照帝王陵寝，为盝顶窑洞式石质建筑，分为踏步漫道、平台、隧道、前室、中室、后室和秘龛，长21.125米，面积32.48平方米，共有四道石门，前面发现的那块汉白玉石板，实际上就是地宫的盝顶的上盖，地宫就在明朝砖塔的正中间下方将近五米深的地方。

图12-3　1987年法门寺地宫发掘现场照片

地宫入口处宽约2米，为砖砌的斜坡踏步漫道，长5.8米，共20级台阶。台阶上用金钱铺地，大大小小的开元通宝、乾元重宝、五铢钱堆积了厚厚一层。考古人员在其中发现了玳瑁币等珍贵文物。下了台阶是一个东西长1.9米、南北宽1.7—1.75米的平台，平台之后就是地宫的第一道石门。从石门可进入隧道。在隧道的尽头，考古人员发现了一块石碑——《应从重真寺随真身供养道具及恩赐金银器物宝函等并新恩赐到金银宝器衣物帐》碑（以下简称《衣物帐》），它详细记载了地宫储藏的所有宝物的质地、尺寸、大小、重量以及供奉人姓名。其后是第二道石门，保护着地宫前室。地宫前室用石头砌成，里面放置着大堆镶满金银珠宝的丝绸织物，无法详记。其中包括极其珍贵的金绣袈裟，以及唐代帝王、后妃、公主施舍供奉的衣物，其中有一件很可能是武则天赏赐的绣裙。在前室中央是一座汉白玉雕刻的阿育王石塔，塔顶呈宝刹形，塔里面是铜浮屠。浮屠为方形，精铜制成。浮屠内有鎏金迦陵频伽乌纹银棺，棺内有佛骨舍利一枚。

穿过第三道石门，进入地宫中室，迎面是一顶汉白玉灵帐，有供奉的袈裟等衣物，琳琅满目。中室内有一个八棱秘色瓷净水瓶，以及一尊通体挂满珍珠缨珞的鎏金银捧真身菩萨。在中室一只檀香木箱子里，考古人员在一个已经朽坏的漆木圆盒中发现了一些叠在一起的淡绿色瓷器，这就是日后轰动世界的"秘色瓷"。

中室的后面是地宫后室，储存了大量金银器皿、珠玉宝石。考古人员对照唐代《衣物帐》碑检录，发现了大量皇室专用金银器及珠宝玉石。在后室北部发现了八重宝函，制作精美，是唐代金银器的代表作品。

图12-4 八重宝函，最外层腐朽无存（法门寺博物馆藏）

后室墙脚一个砖砌的小坑中有一个很普通的铁盒子，内存四重宝函，内函里面的玉棺中就存放着今日世界上唯一有清晰传承线索的佛指骨舍利。

地宫中共出土金银器118件（组）、琉璃器20件、瓷器16件、珠宝等40件（组），所有的铜钱统计下来是万余枚，此外还有大量丝织物，漆木器、石器等。

今日法门寺已经将宝塔修复，而出土的珍贵文物则在法门寺博物馆陈列。就文物学界而言，本次考古最重要的成果是发现了秘色瓷。

（二）文物介绍

法门寺出土的秘色瓷、十二环锡杖、玳瑁开元通宝等珍贵文物。都是人们早闻其名，但自法门寺地宫发掘后才见到真面目的物品。其中最有考古价值的就是秘色瓷。

地宫发掘中,在中室的后部靠近后室的地方,摆放着一个壶门高圈足座素面银香炉,在它的下面压着一个圆形的朽烂不堪的漆木箱笼,中间是摆放整齐的瓷器,主要是盘子、碟子和碗等,共13件。当时人们只是觉得这十几件瓷器很精美,它们造型浑厚、胎质细腻、釉质丰盈纯净,都是极其精致的作品,后来到登记文物时,与前期发现的《衣物帐》相对照,考古人员才知道它们就是秘色瓷。

图12-5 《衣物帐》石刻(法门寺博物馆藏)

对照《衣物帐》来看,这13件瓷器就是其中记载的:"瓷秘色碗七口,内二口银棱。瓷秘色盘子、叠子共六枚。"

图12-6 五瓣葵口大凹底瓷盘(法门寺博物馆藏)

这13件秘色瓷包括：五瓣葵口大凹底瓷盘1个、五瓣葵口小凹底瓷盘1个、五瓣葵口浅凹底瓷盘1个、五瓣葵口凹底深腹瓷碟2个、五瓣葵口凹底斜腹瓷碟1个、葵口圈足秘色瓷碗2个、侈口瓷碗3个、鎏金银棱平脱雀鸟团花纹瓷碗2个。

图12-7　五瓣葵口凹底深腹瓷碟（法门寺博物馆藏）

其中两个鎏金银棱平脱雀鸟团花纹瓷碗，在碗沿和碗底均有银质镶边的扣器，此即《衣物帐》"瓷秘色碗七口，内二口银棱"中所说的银棱。

图12-8　鎏金银棱平脱雀鸟团花纹瓷碗（法门寺博物馆藏）

此外在地宫中人们还发现了3件瓷器，其中有一件八棱净水瓷瓶，从釉色到胎质，均与那13件秘色瓷一致，大家推断它也是秘色瓷。此物不知何故在《衣物帐》上没有记载。据推断，它很可能原本附属于某一件大型器物，因为地震等原因产生了位移，故而漏登，不过这种猜测能不能经得起考验还有待将来研究证明。

图12-9　八棱净水瓷瓶（法门寺博物馆藏）

出土的这些秘色瓷器究竟有什么价值呢？

第一，它们填补了瓷器发展史上的空白。以前说起我国瓷器发展历史上的唐代瓷器，大家喜欢引用"邢瓷类银，越瓷类玉""邢瓷类雪，则越瓷类冰"来形容当时制瓷业的成就。而关于唐代秘色瓷，大家始终不太清楚它究竟是何物，只能通过晚唐诗人陆龟蒙《秘色越器》一诗中的"九秋风露越窑开，夺得千峰翠色来"揣测它是越窑青瓷，以青翠之色为贵。还有就是人们传说它的色泽如同"雨过天青"之色。雨过天青之色，这种颜色当为蓝色，而蓝色瓷器别说在古代，就是在今天的陶瓷烧造中也不是常见之物。这次考古发掘中，通过实物与文字记载的对照，人们才确定了秘色瓷是什么。

第二，它们本身反映了唐代制瓷业的发展水平。这13件瓷器形态典雅，多为五瓣葵纹，修短合度，很大气。唐代也有六瓣的青瓷盘，两者一比，就可以看出五瓣葵口的设计魅力。这13件瓷器胎质细腻，用釉讲究，釉料纯净，碾压均匀，所以烧制出来后釉质非常干净，釉面润泽平整、晶莹剔透，与今天的烧瓷水平相比毫不逊色；器形设计有特色，很多秘色瓷碗、瓷碟侧面迎光时，底部有盈盈若水之感。这一现象一开始就引起了研究者的注意。通过细致的观察对比，大家发现"无中生水"的秘色瓷有一个共同特点，即底部均为"凹底"。所谓"凹底"是指瓷器底部外侧向内侧凹进去,这样从瓷器口处观看,瓷器底部便形成了一个微小的弧面。当看到凹底秘色瓷器时,人们第一感觉是器物底部整体比器物腹壁亮,这样就很容易产生"无中生水"的视觉差,因为器物底部近似一个凸面镜,对光有发散作用。以观察到的最亮处为中心,光沿着器物底部表面很自然地逐层改变亮度,直至器物底部与腹壁相接处为止,这使器物内有了波光粼粼之感。也有学者认为,这种现象与秘色瓷的釉质丰厚纯净有关,那么厚的一层釉质,又那么纯净,更容易给人这种错觉,因而要侧面迎光来看这种现象才比较明显。这些说法都有道理,也许原因两者皆有。无论如何,盈盈若水这一点确实是秘色瓷的一个特色,仅此一条也足够它傲视群瓷。

图12-10　五瓣葵纹秘色瓷盘的侧面观察照片(中国国家博物馆藏)

第三,它们拨开了历史的迷雾,揭开了秘色瓷的真实身份。它是皇家专用瓷器,带有浓浓的神秘气息。当年秘色瓷之所以叫秘色瓷,可能就体现了人们对这种神秘气息的夸大。事实证明,秘色瓷是唐代青瓷中的精品。但比照起来,我们此前发现的很多唐代瓷器,如今天浙江宁波和绍兴一带出土的瓷器中的精品在质量上并不比秘色瓷器差多少。这样一来,秘色瓷不再神秘了。它确实有一些超越前代、对后代也有启发的地方,比如它较好地解决了釉面的开片问题,在釉料加工和提纯上有独到之处,上文提到的盈盈若水的观感也独具特色。不过认真分析起来,它的特色可能是不惜工本、用料讲究的皇家所制造的精品都具备的。这对我们了解唐代瓷器历史,进而研究唐代的经济发展有很大的帮助。

(三) 文物分析

瓷器是古代历史教学中最常见的文物,也是最具有时代特色的文物。同属一种文物,每个时代器物的特色却不同,这一特点在瓷器上表现得最明显,其时代特征主要表现在瓷器的造型和颜色纹饰上。如大家见到青花瓷,就基本上可以确定是元朝以后的东西(个别案例除外,但是我们的中学教学工作基本不会涉及如此生僻的个例)。考古学界重视瓷器的断代功能,我们也应该学习运用它们的这一功能。唐代瓷器是我国瓷器制造业走向巅峰的前奏,是瓷器取代陶器、青铜器、漆器成为日常用具的重要阶段,而法门寺地宫出土的秘色瓷就是其中的杰出之作。

陶器与瓷器是经常联袂出现的"搭档",我们要分清它们的关系。陶器在中国历史上始终存在,比瓷器历史还要悠久,直到今天仍大量存在于我们的现实生活中。如砂锅,还有现在价格不菲的紫砂壶,都是陶器。陶器和瓷器的主要区别在于:①材质不同。陶器是使用黏土烧制的,通过烧制的温度和火力的变化,制成的陶器有红陶、灰陶和黑陶的区别(商代的白陶以高岭土做原料,烧成温度达1000℃以上,它是原始瓷器出现的基础。白陶的烧制成功对陶器过渡到瓷器起了十分重要的作用);瓷器是使用高岭土烧制的,怎么烧都是白色的胎质,差别在于白色的纯净度和胎质的细腻度,有细瓷和粗瓷的区别。②烧成温度不同。陶器基本在1000℃以下便可烧成,瓷器需在1200℃以上,这是两者的主要差别。西方学者则更喜欢用材质含铁量来断定是陶是瓷,铁多为陶,少则为瓷。

除此之外,其他的差别都是表象,不仔细分辨便会有很多误解。比如陶器产生时间也很早,也是烧制而成,它在制胚时也需要对土质进行过滤。陶器也有表面施釉的,比如釉陶、唐三彩,而瓷器也有不施釉的,如白瓷素胎器物。还有人通过胎质的细密程度与透水程度的差异来确定陶与瓷,认为瓷器细密些、透水程度差些；实际上这也不一定，如砂锅只要不烂便绝对不漏水、不渗水。

图12-11　汉代绿釉陶壶（中国国家博物馆藏）

瓷器烧制的起源与陶器烧制分不开，尤其和商代出现的白陶烧制分不开。后来，瓷器和陶器分道扬镳，出现了单独烧造瓷器的方法。在商代和西周遗址中发现的"青釉器"即原始瓷器已明显具有瓷器的基本特征。它们质地较陶器更为细腻坚硬，胎色以灰白居多，烧结温度高达1200℃左右，胎质基本烧结，吸水性较弱，器物表面施有一层石灰釉。这种石灰釉的施用，目前还不能确定是否真正属于施釉工艺，因为两种方法差异很大。它们与今天的瓷器还不完全相同，所以被称为原始瓷器。

原始瓷器与青瓷很像，所以又被称为原始青瓷。原始青瓷在西周以后，很长一段时间内发展并不明显，在生活中不占据重要位置。自西周、春秋战国到东汉，瓷器历经了一千多年的缓慢发展。东汉以来至魏晋时制作的瓷器，从出土的文物方面来看，南方多为青瓷，还有少量的褐色或黑色釉彩瓷器；青瓷的形体较小，样式以日用品居多，纹饰朴实。北方基本上也是青瓷，另外还有白色釉彩瓷器。这些青瓷的胎质比较坚硬,基本不吸水,表面或多或少施有一层青色玻璃质釉。这些表明原始青瓷已完成向成熟青瓷的过渡,基本摆脱了陶器制作工艺的影响,开始独立发展。不过此时青瓷在技术方面仍未能完全成熟,表现为晋代瓷器釉层稀薄无光泽,釉质呈青黄色。

图12-12 浙江绍兴出土战国龙梁瓷壶(中国国家博物馆藏)

瓷器发展史上有一个值得注意的现象,那就是魏晋南北朝时期,在南方,主要是指江南一带,青瓷的发展突然加速,从而带动了整个中国瓷器业的发展。这种现象背后的原因现在大家还在分析,分析时基本上都从南迁后地理环境的改变入手,从南方的物产特色、南迁人士的生活需求、国力的衰微和社会的动荡等多个方面来探讨。目前我们发现,在南北朝的墓葬中,青瓷的数量与质量都有很大的飞跃。南北朝时东南地区窑场众多,青瓷也走向完善。这一时期釉层明显加厚,釉面光亮、润泽,但仍存在胎釉结合不实的缺陷。(这与釉料的研磨和调制的精密度有关,很明显是烧制经验不足导致的)此外,由于釉层加厚,冷却时火候掌握不到位,釉面大多开满纹片,故流传至今的南北朝瓷器大多严重掉釉,手感粗糙。

到了隋唐时期,金银器成为贵族的高端享受,而与之配套的生活用具除了玉器(此时大量出现玉制生活用具,尤其是杯、盘等餐具),还有陶瓷器。青铜器除了铜镜和小型青铜工具,在隋唐时期已经基本退出日常生活。制瓷工艺在唐代有了长足的进步,高端的陶瓷器已经能够与金银器相提并论,可见其工艺的高超与价格的高昂。法门寺地宫里出土金银器118件,秘色瓷只有13件(八棱净水瓶没有在《衣物帐》里出现,姑且不算),而且都摆放在中室,其受重视的程度可以想见。很可能皇宫中秘色瓷也不多,否则供奉在地宫里的不会只有寥寥可数的几件。

唐代普通瓷器又是什么样的呢?

首先,在唐代,茶具、餐具、酒具、文具、玩具、乐器等各种器皿都有瓷制的。尤其是餐具中的盘子、碟子、碗,酒具中的酒壶、酒杯、温酒器,茶具中的茶杯、茶盏,瓷制的数量不可胜计。

其次,普通瓷器制作精细,虽然比不上秘色瓷精致,但是也都很有特色。全国号称有九大窑址,基本上是"南青北白",形成了以浙江越窑为代表的青瓷和以河北邢窑为代表的白瓷两大瓷窑系统。

图12-13　唐代青瓷灯盏(民间收藏)

一般的唐代瓷器,无论在釉质、器形还是坯胎制作、烧成工艺上,都无法与秘色瓷相比,这印证了秘色瓷是皇家专用,实际上就是贡品这一点。秘色瓷的造型丰满圆润,用釉素雅纯净,用色偏向冷色调,多以青绿色为主要釉色,华丽中有着典雅不俗的气息,是对中华文化的内敛与包容气象的恰当把握,确实是瓷器中的杰作。

此后秘色瓷在五代、北宋还有烧制,但是逐渐湮灭无闻。个中原因其实不用过度猜测,宋代是瓷器的时代,官方无论是贡窑还是官窑,其产品与民窑的差异都越来越小,甚至民窑的产品更好,所以秘色瓷的秘色也就不再是秘密。这是秘色瓷的哀歌,却是整个瓷器制造业猛进的高歌。

二、教学运用

（一）教材相关问题解析

中学历史教学中将强盛的唐王朝衰亡的原因分析为政治腐败、宦官专政、牛李党争、军阀割据。其中政治腐败的原因之一就是对佛教等宗教的过度崇拜。这一点在法门寺地宫出土的文物中得到很好的证明。但是，好端端的唐朝，国力强盛，四海晏然，为什么会过度崇拜佛教呢？

在唐代，皇室为了皇家的声誉，对老子和道教有一定的推崇。于是老子被封为太上玄元皇帝，道教也成为国教。不过这些行为丝毫没有影响佛教的发展。

佛教在魏晋南北朝时期便得到长足的发展，北魏、萧梁时期是崇佛的两个巅峰时刻。河北满城人杨衒之在《洛阳伽蓝记》中，以洛阳城的几十座寺庙为线索，为我们展现了北魏时期洛阳佛教兴盛的情况："京城内外，凡有一千余寺。"他感慨洛阳佛寺的兴盛："至晋永嘉，唯有寺四十二所。逮皇魏受图，光宅嵩洛，笃信弥繁，法教愈盛。王侯贵臣，弃象马如脱屣；庶士豪家，舍资财若遗迹。于是昭提栉比，宝塔骈罗，争写天上之姿，竞摹山中之影。金刹与灵台比高，广殿共阿房等壮。岂直木衣绨绣，土被朱紫而已哉！"

南方的萧梁政权，在崇佛的道路上也丝毫不让于北魏。萧梁因为北朝衰落，无暇南侵，有了几十年的安定，其经济和文化的发展都取得了一定成绩。历史上称此时是南朝最为繁荣富庶的时期。但是好景不长，萧梁的建立者萧衍四次舍身于南京的同泰寺，宣布自己在寺里出家，不理国政，每次都让手下大臣聚财赎他，以此来为佛寺聚敛财富。他在位后期，朝政腐败不堪，最后爆发侯景之乱，86岁高龄的他也被侯景活活饿死在台城。（当时的皇宫，今天江苏南京市玄武区一带）

按理说这些悲伤往事应该使后来的唐代统治者吸取足够的教训，在此后的统治中多加注意才对。可惜很多统治者并不在历史中吸取教训。

唐代佛教地位较高，上自统治者，下至百姓，信仰者众多，持续兴盛。各地大力增修、修建包括龙门石窟、敦煌莫高窟、乐山大佛在内的佛教建筑。雕版印刷术在当时开始用于日常生活的主要原因之一，也是当时社会上佛经需求量大，手工抄写供应不及。

图12-14　乐山大佛，在今四川省乐山市

唐朝中期会昌年间有过唐武宗"灭佛"事件，在这个事件中，唐朝拆毁大寺四千六百余所，小寺四万余所，僧尼还俗二十六万余人，解放奴役十五万人，收回民田数千万顷。单是人口和不动产的数量就已经庞大到惊人的程度。

从地宫中供奉的物品来看，唐代皇帝确有佞佛的举动。以瞻仰佛骨舍利这件事情来说，据统计，整个唐朝共有5位皇帝（除此之外还有武则天）曾经从法门寺迎接佛骨奉养，以此来祈求风调雨顺、国泰民安。他们供奉的物品太过奢华，尤其是到财政入不敷出的晚唐，在已经民不聊生的状况下，这种行为是严重的浪费。表面上看，供养都是统治者自掏腰包，实际上羊毛出在羊身上，那些财物还是向百姓巧取豪夺来的。百姓也有过分崇佛的举动，"有废业破产、烧顶灼臂而求供养者"。在中唐时就有人反对迎佛骨，当时的刑部侍郎韩愈专门写了《论佛骨表》，对此事进行阻止。文章描述了唐宪宗迎佛骨舍利时的情景：

> 今闻陛下令群僧迎佛骨于凤翔，御楼以观，异入大内，又令诸寺递迎供养。臣虽至愚，必知陛下不惑于佛，作此崇奉，以祈福祥也。直以年丰人乐，徇人之心，为京都士庶设诡异之观，戏玩之具耳。安有圣明若此，而

肯信此等事哉！然百姓愚冥，易惑难晓，苟见陛下如此，将谓真心事佛，皆云："天子大圣，犹一心敬信；百姓何人，岂合更惜身命！"焚顶烧指，百十为群；解衣散钱，自朝至暮；转相仿效，惟恐后时；老少奔波，弃其业次。若不即加禁遏，更历诸寺，必有断臂脔身以为供养者。伤风败俗，传笑四方，非细事也。

唐宪宗览奏大怒，要不是当时的宰相裴度帮韩愈在皇帝面前说了好话，韩愈很可能会被杀，最后他被贬官为潮州刺史。

这里节选唐朝最后一次迎佛骨的供奉清单（《衣物帐》），读者可以感受一下当时的豪奢。

监送真身使，应从重真寺随真身供养道具，及恩赐金银器物宝函等，并新恩赐到金银宝器衣物等如后：

重真寺将到物七件：袈裟三领、武后绣裙一腰、蹙金银线披袄子一领、水精棒子一枚、铁盝一枚。

真身到内后，相次赐到物一百二十二件：银金花合二具，共重六十两。锡杖一枝，重六十两。香炉一枚，重卅二两。元无盖香炉一副，并台盖朵带，共重三百八十两。香宝子二枚，共重卅五两。金钵盂一枚，重十四两三钱。金襕袈裟三副，各五事。毳纳佛衣二事。瓷秘色碗七口，内二口银棱。瓷秘色盘子、叠子共六枚。新丝一结，百索线一结。红绣案裙一枚，绣帕两条。镜两面，袜十量，紫靸鞋二量，绣幞十条。宝函一副，八重，并红锦袋盛。第一重真金小塔子一枚，并底衬，共三段，内有银柱子一枚。第二重珷玞石函一枚，金筐宝钿真珠装。第三重真金函一枚，金筐宝钿真珠装。第四重真金钑花函一枚。已上计金卅七两二分，银二分半。第五重银金花钑作函一枚，重卅两二分。第六重素银函一枚，重卅九两三钱。第七重银金花钑作函一枚，重六十五两二分。第八重檀香缕金银棱装铰函一枚，银锁子及金涂锁子七具，并钥匙、锟钺、□子等，共计银一十六两四钱。银金涂钑花菩萨一躯，重十六两。银金花供养器物，共卅件枚、只对，内叠子一十枚，波罗子一十枚，叠子一十枚，香案子一枚，香匙一枚，香炉一副，并椀子、钵盂子一枚，羹碗子一枚，匙箸一副，火箸一对，香合一具，香宝子二枚，已上计银一百七十六两三钱。真金钵盂、锡杖各一枚，共重九两三钱。乳头香山二枚，重三斤。檀香山二枚，重五斤二两。丁香山二枚，重一斤二两。沉香山二枚，重四斤二两。

新恩赐到金银宝器、衣物、席褥、幞头、巾子、靴、鞋等，共计七百五十四副、枚、领、条、具、对、顶、量、张。银金花盆一口，重一百五十五两。香囊二枚，重十五两三分。笼子一枚，重十六两半。龟一枚，重二十两。盐台一副，重十二两。结条笼子一枚，重八两三分。茶槽子、碾子、茶罗、匙子一副七事，共重八十两。随求六枚，共重二十五两。水精枕一枚，影水精枕一枚，七孔针一，骰子一对，调达子一对，棱函子三，琉璃钵子一枚，琉璃茶碗柘子一副，琉璃叠子十一枚，银棱檀香木函子一枚。花罗衫十五副，内襕七副，跨八副，各三事。花罗袍十五副，内襕八副，跨七副，各四事。长袖五副，各三事。夹可幅长袖五副，各五事。长夹暖子廿副，各三事，内五副锦，五副绮，一副金锦，一副金褐，一副银褐，一副龙纹绮，一副辟邪绮，一副织成绫，二副白氎，二副红络撮。下盖廿副，各三事。接袜五具，可幅绫披袍五领，纹谷披衫五领，缭绫浴袍五副，各二事。缭绫影祂二条，可幅臂钩五具，可幅勒腕帛子五对，方帛子廿枚，缭绫食帛十条，织成绮线绫长袖袜册量，麈金鞋五量。被褥五床，每床绵二张，夹一张。锦席褥五床，九尺簟二床。八尺席三床，各四事。八尺踏床锦席褥一副，二事。赭黄熟线绫床祂五条，赭黄罗倚枕二枚，绯罗香倚二枚。花罗夹幞头五十顶，绘罗单幞头五十顶，花罗夹帽子五十顶。巾子五十枚，折皂手巾一百条，白异纹绫手巾一百条，揩齿布一百枚，红异纹绫夹祂四条。白藤箱二具，玉樟子一枚。靴五量，各并毡。

惠安皇太后及昭仪、晋国夫人衣计七副：红罗裙衣二副，各五事。夹缬下盖二副，各三事。已上惠安皇太后施。裙衣一副，四事。昭仪施。衣二副，八事。晋国夫人施。

诸头施到银器衣物共九件：银金花菩萨一躯，并真珠装，共重五十两。并银棱函盛银锁子二具，共重一两。僧澄依施。银白成香炉一枚，并承铁,共重一百三两。银白成香合一具,重十五两半。已上供奉官杨复恭施。银如意一枚,重九两四钱。袈裟一副,四事。已上尼弘照施。银金涂盂一枚,重卅一两。僧智英施。银如意一枚,重廿两。手炉一枚,重十二两二分。衣一副,三事。已上尼明肃施。以前都计二千四百九十九副、枚、领、张、口、具、两、钱、字等。内金银宝器、衫袍及下盖裙衣等,计八百九十九副、枚、领、张、口、具等,金器计七十一两一钱,银器计一千五百二十七两一字。

以上记载的金银器物,在当时都价值不菲,但具体值多少钱已经无从计算。当时距离唐朝灭亡只有三十余年,如此豪奢浪费确实是过分。

当然,唐朝的灭亡有其内在的深刻原因,统治者敬佛也好,佞佛也好,都不足以让一个国家兴盛或者衰亡。法门寺地宫的遗物,能够让我们看到唐末政治的混乱、经济所受的破坏以及统治者的举止失措,这些都是唐朝亡国的重要原因。

(二) 教学价值

秘色瓷作为唐朝一段历史的见证,秘密地烧制于某个地方,用着秘密的配方;它是当时中国顶级的瓷器,供帝王日常使用;它被皇帝供奉在寺院宝塔下,代表着皇帝的虔诚之心,皇帝幻想以此来挽救国家的危亡,也拯救自己于个人的不幸。最终它被埋藏于地下千年不见世人,让很多人费尽心思去猜测它的样子,甚至因此抱憾终生。它是唐朝兴衰的见证。

而中学生感兴趣的是,唐朝这么强大的王朝,为什么也不能挺过300年的封建王朝大限。能够生产出这样精美的工艺品的时代,为什么不能将这些神奇的工艺传下去,发扬光大?佛教为什么吸引了那么多唐朝人去长时间地崇拜与信仰?这些问题表面看起来很容易回答,实际上要答得让学生真正信服并不是那么简单。

唐朝国力强盛,自不待言。由于疆域广大,各族人民包括许多外国人都生活在大唐,文化的多样性,必然导致百姓文化追求上的多样化。佛教在当时有很广泛的社会基础,顺应了社会的需求,所以它的发展有历史必然的因素。秘色瓷原本是社会生产力发展的产物，其制作方法成为不传之秘，产品变成皇室专有，并且被拿来供奉寺院，埋在地下上千年，这是唐朝政府对社会生产力发展的戕害。这是秘色瓷的不幸，更是中国历史发展的悲哀。

唐懿宗时期担任翰林学士的刘允章在其《直谏书》中已用"国有九破"描绘当时紧迫的局势："终年聚兵，一破也。蛮夷炽兴，二破也。权豪奢僭，三破也。大将不朝，四破也。广造佛寺，五破也。赂贿公行，六破也。长吏残暴，七破也。赋役不等，八破也。食禄人多，输税人少，九破也。"对天下苍生的生存状态，他总结了"八苦""五去"。八苦是"官吏苛刻，一苦也；私债征夺，二苦也；赋税繁多，三苦也；所由乞敛，四苦也；替逃人差科，五苦也；冤不得理，屈不得伸，六苦也；冻无衣，饥无食，七苦也；病不得医，死不得葬，八苦也"。五去是"势力侵夺，一去也；奸吏隐欺，二去也；破丁作兵，三去也；降人为客，四去也；避役出家，五去也"。用民不聊生来形容当时的社会状况毫不过分。

唐朝亡于政治混乱、统治者穷奢极侈。唐末的政治混乱，可以通过寺院的畸形繁荣略窥一斑，统治者的穷奢极侈，更是可以从供佛的物品中看个究竟。如果唐朝皇帝用供佛之心来管理国家事务，何愁国家政治会混乱黑暗。就在迎佛骨舍利的第二年，唐朝皇帝做了一件空前绝后的"贺蝗"事件：唐僖宗乾符二年（875）七月，"蝗自东而西，蔽日，所过赤地。京兆尹杨知至奏：'蝗入京畿，不食稼，皆抱荆棘而死。'宰相皆贺"。可见当时的唐朝君臣已经昏聩至极，不可救药。

唐朝最后一次迎佛骨舍利那一年，山东和河南均发生了严重的旱灾，第二年，长垣人王仙芝、尚让等首先起兵，菏泽人黄巢也于同年起事。起义军很快发展到几万人，转战山东、河南、湖北诸地，给唐军以沉重打击。最终，起义军把唐僖宗逼到四川逃难，只是这次可找不到一个女人来嫁祸了，正如唐末诗人写的《帝幸蜀》所言："马嵬烟柳正依依，重见銮舆幸蜀归。泉下阿蛮应有语，这回休更冤杨妃。"

这时，僖宗刚刚13岁，大臣的行为他无法反对。是谁把国家大事赋予这样一个小孩子？这种儿戏源自一个叫田令孜的宦官的倡议。为什么宦官有这么大的权力？是由于朝廷大臣结党营私，地方大臣藩镇割据。前任皇帝为什么不管？这件事情本来应该由唐懿宗来做，但这位皇帝却"削军赋而饰伽蓝，困民财而修净业，以谀佞为爱己，谓忠谏为妖言"（《旧唐书》），在迎佛骨至长安3个月后就重病去世，留下一个烂摊子（由此处历史记载推断，迎佛骨舍利也可能与唐懿宗想祛病强身有关）。

此外，在讲述秘色瓷器时，教师还要注意一点。

瓷器作为中华文明的重要代表性器物之一，其评价有专业的标准，相关术语较多，如何言简意赅地描述秘色瓷，也是教学中教师需要注意的问题。简单地说，瓷器最重要的就是釉质，因为釉料分为很多种，要想烧出色彩，就必须严格根据一定比例调配，在中国古代社会这全靠工匠一点一点摸索、总结，长期积累经验才能实现。釉是覆盖在陶瓷制品表面的无色或有色的玻璃态薄层，白瓷使用的是无色釉料。古代的瓷器烧制，关键在釉料的研磨和高温烧制过程中温度的控制，既要控制好釉料的杂质，烧出纯净的釉色，又要把握好温度，不能乍冷乍热。尤其是退火时，要有一定的技巧，在烧成时必须留出足够时间使釉料产生的气体排出，避免气泡、开片、针眼等瑕疵的产生。（宋代哥窑瓷器开片是一种特色，故意制造开片，形成一种特殊的釉彩，这个另当别论）这些技术决定着瓷器的烧制水平。在古代，好瓷器应当釉彩鲜艳、饱满、纯正，釉面纯净、光滑，厚度均匀，无明显气泡等瑕疵。这些在今天也还是评价瓷器的标准，只不过加上了釉料无毒这一条。唐朝时只能烧制出单色瓷器，如青瓷、黑瓷、黄瓷、褐色瓷。（极个别使用复合釉彩的瓷器，制作者究竟是有意还是无心，尚不能确定）到明清时代才发展出彩瓷。不过，瓷器釉彩也会受到当时社会风俗的影响，例如元代社会习俗尚白，所以有很多白瓷器物，倒不一定是当时的技术工艺无法烧制彩瓷。

（三）教学运用

在教学中使用秘色瓷器时，教师们大多将之用于讲解唐朝的社会经济发展，也有教师在探讨唐朝灭亡问题时使用此文物，还有一些教师在讲解宗教文化与唐朝的发展时使用秘色瓷相关史料。比较来说，上述使用方式有递进关系，属于对文物史料的综合运用。

案例一

看图，分析唐代秘色瓷的器形与釉色等方面的特点。

图12-15　唐代青瓷四系罐（民间收藏）　　图12-16　五瓣葵纹深腹秘色瓷碟（法门寺博物馆藏）

（1）以上瓷器在形态上有什么改变与特点？你认为这种改变是如何发生的？

（2）谈谈你对秘色瓷特点的认识。

（3）想一想，秘色瓷在唐宋之际为何秘密地形成，又为何悄无声息地退出历史舞台？

案例二

阅读以下材料，并回答问题。

材料一

宋人笔记记载，五代吴越国王钱镠规定越窑专烧供奉用的瓷器，庶民不得使用，且釉药配方、制作工艺保密。"秘色"的"秘"意思是"机密""保密"，"色"的意思是"药粉配方""釉料配方"。故所谓"秘色"即"保密的釉料配方"之意。所以，"秘色瓷"就是釉料配方保密的瓷器。

材料二

唐代诗人陆龟蒙的《秘色越器》诗云："九秋风露越窑开，夺得千峰翠色来。好向中宵盛沆瀣，共嵇中散斗遗杯。"

材料三

五代人徐夤《贡余秘色茶盏》曰："捩翠融青瑞色新，陶成先得贡吾君。功刬明月染春水，轻旋薄冰盛绿云。"

材料四

现代研究证明，秘色瓷是越窑中最优质的瓷器，其烧造工艺有三个步骤：

①瓷土：采用粉碎、淘洗、腐化、捏练工艺流程，从而达到较高的"玻璃化程度"。

②釉色：釉料提纯，除去釉料中的杂质，并改良施釉方法，通体施釉，施釉后支钉架器。

③匣钵：秘色瓷烧造时，瓷器不接触炉火。需将秘色瓷瓷胎装入瓷质匣钵烧制，一器一匣，并以釉水来密封匣与盖之间的缝隙。这样，通过对炉温的控制，才能出现"夺得千峰翠色来"的秘色瓷。

（1）为什么陆龟蒙和徐夤在他们的作品中对秘色瓷器的烧造工艺和流程只字不提，你认为这是一种什么样的心理导致的？这对秘色瓷的发展有什么样的作用？

（2）通过上面的材料，你能了解秘色瓷的烧造原理，并且说出秘色瓷的特色吗？你觉得陆龟蒙和徐夤的说法有没有道理？用自己的话解释。

第十三章　钱镠铁券——藩镇割据的产物

一、文物介绍

它外表平庸，却暗含"生机"：持有者可以自身免死9次，子孙免死3次。它就是传说中的"免死金牌"。古往今来的众多文学作品对它进行了各种描述，使它显得神秘而贵重。它是一份铸铁填金的诏书。它在传世的一千余年中，几次失而复得，它就是钱镠铁券。

图13-1　钱镠铁券，覆瓦状，长52厘米，宽29.8厘米，厚0.4厘米，铁质嵌金字333个，为唐昭宗赐予镇海镇东等军节度使钱镠的誓券。现陈列于中国国家博物馆

（一）文物经历

钱镠铁券是一件传世文物。传世文物与出土文物相对，指长期在社会上流传并得以保存下来的文物；除了文物自身的价值外，其传承的历史本身也是重要的历史资料。只可惜，在世间流传的文物较少能完整保留其本身的信息。这种对历史资料完整性的损害，是史学研究中不可避免的遗憾。

钱镠铁券是唐昭宗颁发的誓券。在唐乾宁四年（897）八月四日，它被赐给当时担任镇海、镇东等军节度使的钱镠,用于感谢钱镠为朝廷平定割据并自立为帝的董昌的叛乱。唐昭宗赐钱镠免死九次,并可以惠及后人。钱镠的后人世代精心保管此物,视之为祖上的荣耀,直至中华人民共和国成立前,基本保存完好,后来它被捐献给国家。铁券在传世期间也曾多灾多难,出现破损,但是冥冥中似乎有天意,它几次失而复得,颇有传奇色彩。清代乾嘉年间学者钱泳(也是钱姓后裔)所著《履园丛话》卷二"阅古"中"铁券"部分记载了它曲折的流传过程。

钱镠铁券本来保存在钱镠建立的吴越国中。北宋建立后,钱镠的孙子钱俶一开始以吴越国主的身份向北宋称臣,后来又在宋太宗时主动献土归宋,将国土纳入大宋版图,被宋太宗先后加封南阳国王、邓王。此时钱氏家族将先朝文物保留于杭州钱氏家庙中,其中就有这块铁券。后来杭州守臣将钱氏之文物进呈宋太宗,宋太宗命钱氏后人将铁券留于家中收藏。宋朝皇帝对钱氏子孙多方优待,其间还曾经招钱氏后人为驸马,终北宋一世,钱氏恩宠不断,与南唐后主相比,待遇堪称优厚。北宋灭亡前夕,钱氏子孙南迁,后被安置在浙江台州临海,自此长居彼处,成为江浙一带的世家大族。

铁券一直被当作传家宝供奉在钱氏家族内。南宋灭亡之际,台州临海被元军攻破,铁券在混乱中不知所踪。

到元朝时,钱氏后人重聚临海,每每痛心于传家宝的丢失。到至顺二年(1331),有渔人在临海南边(今温岭市泽国镇)一条无名小河(今天名为南官河,该处现在还有一座桥,桥边有一块清代石碑,上书"得钱武肃王铁券处")里撒网打鱼时,一网捞到了钱镠铁券。可能是上面的金字与装饰让渔夫以为它是金质的,因而渔夫用斧头劈开铁券的一角。发现只是一块黑铁后,他就随手将之扔在一边。一位读书人偶然看到,发现这是钱家的传家宝(铁券上楷书金字,清晰易辨,且文从字顺,粗通文字者均可认出,而且对钱家宝贝,附近的人也都知道个大概情况),就用很少的钱把钱镠铁券从渔夫手中买了下来。后来钱氏后人钱世珪得知此事,以"十斛谷"(相当于今天600多斤大米)从读书人那里买回了钱镠铁券。钱镠铁券失而复得后,钱氏后人发现除了那一道斧子砍的缺口外,由于浸水半个多世纪,嵌在铁券后半段的金字也有不少剥落了(钱镠铁券上的金字实际上是包金,不如鎏金结实),好在总算平安归来。钱氏子孙吸取教训,更加小心地把它收藏起来。在清朝乾隆年间,"券藏东门外五十里白石山下一小村庄,皆钱姓,地名里外钱。其守券者曰钱永兴,兄弟三人,皆务农,轮流值管。有小楼三间,专为藏券而造,并有五王遗像及忠懿王草书真迹,并宋、元、明人题跋极多",保管可谓精心,此后铁券基本上也没有什么闪失。1861年,太平天国起义军与清军在浙江激战,兵燹又至。钱氏后人急忙把宝贝藏在井中,又躲过一劫。

民国初年,政治腐败不堪,社会混乱,钱镠铁券在家族严密保管的情况下,居然被人偷走,转卖于附近的嵊县(今嵊州市);好在最后又被居住在嵊县的钱姓宗族获得,改为由他们保管。(此事足见钱氏家族的庞大,实为浙江名门大族)

1937年,日寇侵华。1938年,嵊县长乐乡(今长乐镇)的钱姓宗族为躲避日寇搜掠,再次将铁券沉于古井之中,直到抗战胜利。1949年后,国家鼓励百姓捐献文物,1951年,钱氏宗族决定将宝贝捐献给国家,它先是收藏于浙江省文物管理委员会,后来在1959年国庆十周年之际,转藏于中国历史博物馆。这件珍贵的文物终于有了自己的归宿。其间的坎坷流离,实在是一千多年的历史变迁所致,非人力所能避免。钱氏后人世代精心保管此物,为中华文明立下一功,值得后人铭记。

钱镠子孙代代有名人,清代钱大昕、钱泳,当代科学家钱正英、钱学森、钱伟长、钱三强,学者钱穆,文学家钱钟书,皆是浙江钱氏后裔,钱氏一族称得上人才济济。

(二) 文物介绍

钱镠铁券用精铁铸成,形如古代的瓦片,长52厘米,宽29.8厘米,厚0.4厘米,上嵌楷书金字,其正文如下。

> 维乾宁四年,岁次丁巳,八月甲辰朔四日丁未,皇帝若曰:咨尔镇海、镇东等军节度,浙江东西等道观察、处置、营田、招讨等使兼两浙盐铁制置、发运等使,开府仪同三司,检校太尉兼中书令,使持节润、越等州诸军事

兼润、越等州刺史，上柱国，彭城郡王，食邑五千户、食实封一百户钱镠，朕闻：铭邓骘之勋，言垂汉典；载孔悝之德，事美鲁经。则知褒德策勋，古今一致。顷者，董昌僭伪，为昏镜水，狂谋恶贯，□染齐人。而尔披攘凶渠，荡定江表。忠以卫社稷，惠以福生灵。其机也氛祲清，其化也疲羸泰。拯于粤于涂炭之上，师无私焉；保钱塘成金汤之固，政有经矣。志奖王室，绩冠侯藩，溢于旂常，流在丹素。虽钟繇刊五熟之釜，窦宪勒燕然之山，未足顾功，抑有异数。是用锡其金板，申以誓词：长河有似带之期，泰华有如拳之日，维我念功之旨，永将延祚子孙，使卿长袭宠荣，克保富贵。卿恕九死，子孙三死，或犯常刑，有司不得加责。承我信誓，往惟钦哉。宜付史馆，颁示天下。

由于铁券上部分金字已经脱落无存，很难复原当年的具体内容，幸亏《金石粹编》对它有记载，现在以书中的记载为准，列出上面文字，仍难免遗漏。如钱泳的著作《履园丛话》里提及："谨案铁券之制，其形如瓦，高今裁尺九寸，阔一尺四寸六分，厚一分五厘，重一百三十二两。盖熔铁而成，镂金其上者。文二十四行，行十四字，惟'忠以卫社稷'一行，'社稷'二字平抬，连后官衔一行'中书侍郎'云云，合三百四十二字。然剥蚀者已十之三四矣。铁色如墨，并无锈滥，而金书烂然，光彩射目，尚如新制。"钱泳在乾隆五十六年（1791）到道光三年（1823）间见过铁券，当时铁券因为年深月久，字迹漫漶，已经有很大的缺损，钱泳所记也未必准确，可备一说。

铁券的质地为精铁，今日黄色的铁锈已经布满全身。在清中期，钱泳言其色黑，即"铁色如墨"；在明代，见者言其颜色为深绿（据明朝沈德符的《万历野获编》记载，"形如覆瓦，面刻制词，底刻身及子孙免死次数。质如绿玉，不类凡铁，其字皆用金填"）。再早虽有人见过，但没有关于其色泽的记录留下来。如南宋诗人陆游虽也曾亲眼见过铁券，但是没有记下其外形颜色，殊为可惜。（陆游83岁时写了一篇《跋唐昭宗赐钱武肃王铁券文》，回忆说，他少年时曾经在钱家见到铁券，"铁券实藏卧内，状如筒瓦。今七十余年，乃得见录本于武肃诸孙樆家。后十字，盖文僖手书。某家旧藏文僖书帖，亦有押字，皆与此同。武胜军节度使印，则文僖尹洛时所领邓州节钺也。开禧三年六月乙巳"）还有宋末元初的浙江文人陶宗仪，他的《南村辍耕录》中有《钱武肃铁券》一篇，据他说，他和钱氏后人（文中称其名为钱赟）见过面，亲眼见过铁券，并将铁券的外形记在文章中："尝出示所藏铁券，形宛如瓦，高尺余，阔二尺许，券词黄金商嵌。"

这种颜色的变化不知是何缘故，也许是当时的记录者看错了，或者是不同年代铁券装饰不同。记录下来的铁券的颜色，对今天学者研究当时的铁券颁发制度和铁券形制而言是很好的材料。

（三）文物分析

钱镠铁券其实可被认为是民间传说中的"免死金牌"，因为它上面刻着"申以誓词：长河有似带之期，泰华有如拳之日，维我念功之旨，永将延祚子孙，使卿长袭宠荣，克保富贵。卿恕九死，子孙三死，或犯常刑，有司不得加责。承我信誓，往惟钦哉。宜付史馆，颁示天下"字样。

上述铭文翻译过来就是："我在此发誓，浩浩荡荡的大江大河，可能有干涸得像一条衣带那样狭窄的时候；巍巍峨峨的泰山、华山，可能有矮小得像拳头那么大的日子。但是我大唐皇帝将永远记住臣下所立的功劳，并且将对有功之臣的这些赏赐延及其子孙后代。这样才能使爱卿永远承袭我大唐皇帝的恩宠与荣耀，能够永远保持富贵荣华。即使爱卿你犯下死罪，我可以饶恕你九次；爱卿你的子孙犯下死罪，我可以饶恕三次。如果只是犯下普通的罪责，相关部门不得前来追究责任、惩罚罪行。我将一如既往永不改变地恪守今天的承诺，特此刻在这块铁券上，还要把券书内容下发史馆的官员，向全国民众公布这道命令。"

这就是"免死金牌"的内容，它确实可以"免死九次"。"免死金牌"不是古代戏曲小说臆造的，它的存在有真实的物证。那么，这种"免死金牌"为什么会被颁发？这对国家的法律制度是多么大的挑战！它会被颁发给什么样的臣子？这种人得立下多大的功劳，才能享受这种额外的特殊待遇？在当时的历史背景下，为什么会有这种奇特的现象？它在当时有什么影响，对后世又有什么样的影响？

人们一般认为，铁券是皇帝与大臣的誓约，在汉朝以前贵族的统治中是没有用武之地的。谁也不会怀疑贵族的信用，贵族也不必依靠誓约来取信于臣下。历史发展到西汉，中国进入平民可以当上皇帝的时代。刘邦与手下大臣昔日都是普通百姓，现在则成为君和臣，地位有了天壤之别。先秦时代贵族的优越感刘邦是没有的，别人也不大信服这位亭长出身的皇帝，西汉新建立的江山岌岌可危。刘邦刚刚称帝时，张良就曾经建议刘邦赶紧分封与他有大仇的雍齿，否则会有大麻烦，因为大家都在议论准备造反。刘邦吓得赶紧分封雍齿为什邡侯，才算平息大家的躁动。实际上，西汉就是在这样一种君臣互相疑忌的状况中建立的。刘邦分封了韩信、彭越、英布、臧荼等异姓诸侯王以及一百多位侯。有学者认为，正是刘邦与汉初功臣首创铁券制度，目的是为了相互制约。如明代曹昭、王佐的《新增格古要论·杂考上·金书铁券考》记载："于是申以丹书之信，重以白马之盟，始作铁券，其内镂字，以金涂之，故名曰金书铁契。"此说也见明代王三聘所撰《古今事物考·铁券》："汉高祖封功臣，始制铁券。其内镂字，以金涂之，名曰金书铁券。历代因之，以赐功臣。"然而当初明朝建立伊始，朱元璋想与大臣立铁券，也只是知道历史上有这件事，却连铁券是什么样都不知道，最后还是参考钱镠铁券仿制而成，可见西汉颁发铁券之事，并不是曹昭、王佐等人见到实物后的记录，而是一种猜测。

现存资料证明，最迟到西周分封诸侯时，就开始举行一定的仪式和颁赐信物。只不过这信物很简单，只有一块土壤和包裹它的一丛茅草（即"列土分茅"），以及一些金属。诸侯到封地后往往用这些金属冶铸钟鼎，并把分封这件事铸或刻在其上，以为纪念。其实这也是一种"铁券"，不过只用于表明臣下受封这一件事情，不涉其他。

如虢季子白盘，便属于上述所说的广义的"铁券"，其铭文的形制与行文，与钱镠铁券是有相通之处的。

图13-2　虢季子白盘（中国国家博物馆藏）

铁券上的字迹，据说不同朝代样式不同，汉代涂朱，隋代嵌银，唐代嵌金，唐以后都是以唐代铁券为范式，所以都是嵌金。我国现存铁券不多，陕西宝鸡的唐李茂贞墓中出土的丹书铁券一枚，因岁月磨蚀，已经无法辨识；青海西宁藏有明英宗赐给李文的铁券，也是金字，形制与钱镠铁券几乎一模一样，只不过是"免死一次"，而且谋反罪不在免死之列。

分封的信物为什么渐渐变成"免死金牌"呢？唐朝中期开始出现藩镇割据的局面，尤其是出现了军阀，军人操纵时局，借机干政，对统治者造成极大的挑战。军阀只要不以武力逼皇帝进行军事决战，唐代皇帝便对他们采用拉拢的手段，如承认其世袭传位的合法性、听任其互相吞并、与其结为姻亲、赏赐他们财富等，赠送他们免死权也是其中一条。从那时起，用于免死的铁券开始被赏赐给重臣，它们往往无原则地免去重臣若干次死罪，并且可以泽及子孙。然而历史客观事实往往与主体的初衷相违背，皇帝的忍让并没有换来军阀的知进退，反而让他们觉得朝廷软弱可欺，变得更加肆无忌惮。直到赵匡胤建立北宋后，直接以文官统辖军队，改革军制，才最终消除了军阀割据对政治的影响。此后直到清朝结束，宋元明清四朝再无割据军阀产生。清末湘军、淮军，乃至北洋军阀和后来民国时期的军阀，则是半殖民地半封建社会的产物，和封建军阀不可同日而语。

钱镠铁券的持有者钱镠，字具美，小字婆留，生于唐大中六年（852），老家在杭州临安。相传他出生时相貌奇丑，其父以为不祥，欲弃之于屋后井中，只因祖母怜惜，方得保全性命，因而取乳名"婆留"。而那口井后来也被称为"婆留井"，今日尚存。

钱镠出身贫寒，少时习武，精通武艺，成年后以贩卖私盐为生。黄巢起义时，他加入唐军董昌部，投在高骈的麾下，作战勇猛，足智多谋。由于他指挥唐军挫败了黄巢起义军攻占杭州临安的行动，他和董昌均获提拔，董昌被封为杭州刺史，钱镠为都知兵马使、太子宾客。之后钱镠一直在董昌手下为官，官居唐镇海军节度使，拥有杭州附近的浙西全境，成为一个拥有不小势力的军阀。不过钱镠一直对唐王朝表示忠诚，在藩镇林立的唐朝晚期，绝对算是一个"孤臣孽子"。钱镠的老上司董昌于乾宁二年（895）在越州建立大越罗平国，改元顺天，自立为帝。钱镠不仅不去附和，还两次劝说，表示不希望董昌因为个人私利给两浙百姓带来灾祸。最后他生擒董昌，平定了这场叛乱（董昌被俘后投水而死）。经过这一番争斗，钱镠实际控制了浙江全境，达到其事业的巅峰。就在这个时候，唐昭宗给他颁发了铁券，并封他为镇海、镇东等军节度使，不久又加封他为吴王。唐亡后，钱镠被后梁册封为吴越国王，设置朝廷百官。吴越国虽然也是一个割据政权，但是钱镠比较爱民，执政时有一定善政，比如今天的杭州，其城市发展离不开钱镠的扶持，因而吴越国获得了百姓的支持。钱镠81岁去世，留下的遗嘱被后世人称为《武肃王遗训》，其中第二条规定"凡中国之君，虽易异姓，宜善事之"，表现出对国家统一的责任感，殊为难得。北宋建立后，钱镠的孙子秉承遗训，主动向北宋称臣，后来又自废国号，交出政权，使得北宋兵不血刃获得浙江全境。浙江百姓在五代十国的纷乱之世得以获得一个相对安定的环境，钱氏一族厥功至伟。宋代皇帝有感于钱氏家族的一心归服，对待钱氏也善始善终。

图13-3　钱镠墓，位于今浙江省杭州市临安区

可惜与钱镠同时的武将，绝少有钱镠这样的"觉悟"，他们更喜欢拥兵自

重,封疆裂土,做一方诸侯。这些军阀也很少有统一天下的大志,大都只想割地自守,鱼肉百姓,境内往往民怨沸腾。这是由他们的军阀本质决定的。对于中央政府来说,军阀问题是一个极度麻烦的问题,用铁券来笼络这些武人效果其实很一般。这个问题在唐代没有解决,五代十国更不行,直到北宋才算解决。

二、教学运用

(一)教材相关问题解析

对于唐朝灭亡的教训,有人将之总结为"内有宦官干政、牛李党争,外有藩镇割据,造成国家四分五裂"。这样总结不错,但是说得并不详细。

唐朝毁于藩镇割据造成的政局紊乱。唐朝疆域辽阔,在前期的盛世中,人口和经济又迅速发展,给地方割据提供了物质基础,一旦中央政权陷入混乱,军事力量失控,局势就很难挽回。到唐宪宗元和时期,全国竟然有十五个道,总计七十一个州不向中央缴纳赋税,中央财政大大缩水,这样怎么会有能力去收复失地?因此平定黄巢起义后,唐朝政权不久就土崩瓦解。历史事实证明,这种粗放的地方管理制度有着严重的问题。

问题表现如下。

① 除了京畿和战略要地,朝廷几乎完全仰仗地方官员来控制地方,一旦朝廷无法有效管理地方官员,就会导致地方失控。唐玄宗统治前期,每一个县令上任之际,他都要与之面谈,这是一种补救措施,效果尚可;到了统治后期,他不问朝政,政权立即就出了问题。

② 唐代中期军队管理开始失控。尤其是府兵制垮台后,唐朝改用募兵制,使得职业军人出现,他们最喜欢抱团,也最喜欢拥兵自重。唐朝的节度使一方面对中央政府爱答不理,另一方面内部争夺相残也非常激烈,董昌就是被自己的老部下钱镠打垮的。当然,钱镠所为符合朝廷的利益,无可厚非。但是其他的军阀内乱,如安禄山死于安庆绪之手,安庆绪死于史思明之手,史思明死于史朝义之手,则不仅罔顾伦理,还造成安史之乱久久难平,

这些都是职业军人集团所为。

③ 因为土地兼并，唐朝的均田制被破坏，太平盛世滋生的众多百姓失去生活依靠，沦为流民，不是成为盗匪就是成为藩军，或者成为佃户或奴婢。无论他们怎样选择，其结果都是国家的赋税减少，地方的实力增加，这些都是国家的不稳定因素。而唐朝中央政权有时还不得不借重藩镇军阀的力量来镇压叛乱，这更加强了藩镇的权势与地位。藩镇越强，中央政权就越无力，越无法抑制土地兼并。到晚唐时，土地兼并已经成为国家的心腹之患。

唐朝统治者的笼络政策，给予了藩镇越来越大的权力，这实际上是饮鸩止渴。如颁发铁券，不仅免死，而且免死几次，甚至延及子孙，如此没有底线，置中央政府的权威于何地？这真是如同抱薪救火，薪不尽而火不灭。

有鉴于此，北宋在建国伊始就下决心解决军阀问题。表面上看，宋太祖赵匡胤通过"杯酒释兵权"，就轻轻松松解决了这个毁灭大唐的积弊，相比较之下，唐朝皇帝显得很无能。笔者在教学中因此屡屡被学生询问唐朝为什么不能杯酒释兵权。其实，"杯酒释兵权"只是冰山一角，石守信等大将也绝不是省油的灯。宋朝能够"杯酒释兵权"的关键在于宋代继承后周世宗改革的成果，改革了地方管理制度，将兵权、财权、民政、监察权分开，从根本上杜绝了军阀割据的可能。北宋时期的军阀要想割据，一开始就会面临无兵可用、无粮可吃的尴尬局面，那一点点割据之心，会立刻被扼杀在襁褓之中。当然，宋太祖采用温和手段解除军队将领的兵权，也算是一个创举，兵不血刃就让大将俯首，免去了刀兵相见、生灵涂炭之祸，这是个很聪明的办法。宋太祖的改革还涉及中央管理制度，限于篇幅，笔者不再展开论述。这些中央管理制度上的改革归结到一点，就是与改革后的地方政治制度做了对接，将事权统一在一个官僚集体之中。

（二）教学价值

很多中学生对古代历史中政治制度方面的变革兴趣不大，觉得政治制度枯燥乏味，很不好理解。教师在讲课的时候也只能照本宣科，不好深入。这样的学情，导致中学阶段政治制度史的教学始终属于教学难点。

中学历史教师必须把历史上这些政治制度的内容讲清楚,否则整个中国史教学就会成为一笔糊涂账。以笔者的教学经验来看,要想讲好政治制度方面的内容,一要绘图表,二要讲故事,三要用文物。第一点、第二点不在本书讲解范围内,在此略过。我们重点讲如何用文物,此处就以钱镠铁券为例,谈谈铁券反映的三个重要的问题:

① 钱镠的头衔有那么多,这些头衔都是些什么职务、有什么特点呢?

② 钱镠建立了什么样的功劳,唐朝皇帝给了他什么样的奖励,这些奖励意味着什么,对唐朝的政治有什么样的影响?

③ 赏赐铁券并免死,这是一种什么现象,又是什么原因造成的?

先看第一个问题。

钱镠的头衔很多:镇海、镇东等军节度,浙江东西等道观察、处置、营田、招讨等使兼两浙盐铁制置、发运等使,开府仪同三司,检校太尉兼中书令,使持节润、越等州诸军事兼润、越等州刺史,上柱国,彭城郡王,食邑五千户,食实封一百户。

为更清楚地说明这些头衔意味着什么,笔者列表如下。

表13-1　钱镠头衔列表

职责	中央官职	地方官职
爵位	上柱国、彭城郡王、食邑五千户、食实封一百户	
行政	中书令	润州刺史、越州刺史
军事	开府仪同三司、检校太尉	镇海军节度使,镇东军节度使,使持节润、越等州诸军事
民政		浙江东西等道观察、处置、营田、招讨等使
经济		两浙盐铁制置、发运等使

研究一下,学生就能明白,钱镠在浙江一地掌管军政、民政、财政大权,都是一把手,实权在握;他在中央也有很高的官职,只不过是虚职,没有实权。朝廷之所以给他这么高的虚衔(开府仪同三司、检校太尉兼中书令是宰相衔),只是为了证明他的唐朝官员身份,并不是需要他在朝廷里真正做什么具

体工作。

再看第二个问题。为什么朝廷要给钱镠颁发铁券,给予他这么高的荣誉?因为在乾宁四年(897)时,唐王朝已经处于风雨飘摇之中,距离其灭亡只有十年,地方军阀已经没有人把唐朝皇帝放在眼里。忽然有钱镠这样一位地方军阀,不要任何报酬,主动为国平叛,而且获得巨大胜利;最关键的是他还把皇帝捧得高高的,这样的地方军阀太少见了。唐朝要重赏钱镠,于是唐昭宗就赐给他这个铁券。这是唐代能给予大臣的最高奖赏。(据说唐昭宗在任上也很少赐这种铁券。钱镠得到铁券后,感激涕零,请晚唐文学家、他礼聘的钱塘令罗隐起草《谢赐铁券表》,言及"伏承恩旨,赐臣金书铁券一道,恕臣九死,子孙三死者,出于睿眷,形此纶言,录臣以丝发之劳,赐臣以山河之誓,镂金作字,指日成文",以谢朝廷厚恩。)

受赐免死的铁券确实是很高的荣誉和奖赏,但是这种奖赏对钱镠来说,并没有什么实际意义。这时以钱镠的实力,他就是犯九十次死罪,谁敢杀他?唐昭宗有什么实力去问罪钱镠?所以钱镠谢恩表里的那些话不过是官样文章,他真实的想法就是火并掉董昌后,朝廷可以名正言顺地让他占有整个两浙地区。

董昌虽然被擒自杀,其实他对唐朝中央政府也一直不错,以致钱镠在攻打董昌的时候,朝廷还派人劝说钱镠,要他看在董昌往日对朝廷很恭敬、很忠诚的面子上放他一条生路。若是钱镠输了,朝廷可能也会做同样的事,只不过换换对象。

赵翼在《廿二史札记》中说:"秦汉六朝以来,有叛将无叛兵。至唐中叶以后,则方镇兵变比比而是。盖藩帅既不守臣节,毋怪乎其下从而效之,逐帅、杀帅视为常事。为之帅者,既虑其变而为肘腋之患,又欲结其心以为爪牙之助,遂不敢制以威令,而徒恃厚其恩施,此骄兵之所以益横也。"

朝廷在这次平叛中,获得的只是一个两浙平定的虚名,其实钱镠、董昌无论谁控制两浙,朝廷的号令在两浙都没有任何作用,朝廷只是给了钱镠一个虚誉,钱镠犯法本来也不会死。这就是晚唐时期政局的可笑与可悲之处。

最后看第三个问题，铁券免死这种行为实际上是皇帝对臣下的一种讨好。唐朝政府无法用武力平定割据的藩镇，只能靠这种口惠而实不至的办法尽力拉拢或者安抚军阀。但藩镇并不把这些东西当回事，此前甚至还发生过这样的事：唐德宗赐予藩镇军阀李怀光铁券，李怀光直接把铁券给扔了，还扬言"凡人臣反，则赐铁券；今授怀光，是使反也"。

由此可见，铁券并不能解决武人干政、军阀割据的问题。要解决这个问题，要么直接用强大的武力荡平他们，要么用其他办法迫使他们主动放弃军权。后者在宋初"杯酒释兵权"后实现了。

军阀割据出现的原因在于封建中央集权的制度还不够严密科学。皇帝直接控制的资源不足以与日益增长的地方势力对抗，在这种局面下，幻想用空头支票来拉拢实力派是不可能的。尽管钱镠对朝廷表现了足够的尊重，但还是改变不了唐末割据的局面与唐朝灭亡的命运。

可能正是因为发现连免死九次的铁券都无法满足割据军阀的野心与贪欲，从那时起，中国的统治者就开始考虑如何根除割据的弊病。在后周世宗、宋太祖的共同努力下，中央政府采取"兵将分离""以文驭武"的方法，逐渐解决了这个严重的问题。但是这又带来了更大的问题，那就是宋代国势衰微、士气不振，再没有往日汉唐盛世的雄风。汉代那种"犯强汉者，虽远必诛"的豪情不复，大宋王朝只能以岁币买平安，最终还是屈辱亡国，这是宋代统治者始料不及的。

（三）教学运用

钱镠铁券多在唐末和宋初这两段历史的教学中使用。通过它来介绍藩镇割据破坏统一的危害，确实有很好的效果。

案例一

阅读以下材料并回答问题。

材料一

唐玄宗后期为了边地管理，特设节度使，给予武将很大的统治权，节度使管辖的地区称为"藩镇"。安史之乱后，河北、山西一带的边地将领拥兵自重，在军事、财政、人事方面不受中央政府控制，这种局面持续了一百多年，直至唐朝灭亡。藩镇割据基本上是安史之乱的延续，唐亡以后出现五代十国的分裂局面，这也是藩镇割据的延续。藩镇割据的问题对唐代、五代乃至北宋都产生了重大影响。

材料二

唐代的藩镇既有土地，又有人口，又有甲兵，又有财赋，它的形成是一个十分复杂的问题。它不是某个单一因素的产物，而是诸多社会矛盾和各方面因素共同造成的。要想解释清楚，还需要对以上四大要素逐一分析。

材料三

钱镠铁券中记载的钱镠的职务非常复杂："镇海、镇东等军节度，浙江东西等道观察、处置、营田、招讨等使兼两浙盐铁制置、发运等使，开府仪同三司，检校太尉兼中书令，使持节润、越等州诸军事兼润、越等州刺史，上柱国，彭城郡王，食邑五千户，食实封一百户。"其中中央与地方的职务混淆在一起，令人眼花缭乱，展现了唐末藩镇割据的乱象。

（1）结合以上材料，谈谈你对唐朝藩镇割据现象形成原因的认识，注意用材料中的术语。

（2）你能分得清钱镠铁券上的头衔都是什么职务吗？这些头衔意味着什么，对唐朝的政治又有什么样的影响？

案例二

阅读以下材料，并回答问题。

材料一

维乾宁四年，岁次丁巳，八月甲辰朔四日丁未，皇帝若曰：咨尔镇海、镇东等军节度，浙江东西等道观察、处置、营田、招讨等使兼两浙盐铁制置、发运等使，开府仪同三司，检校太尉兼中书令，使持节润、越等州诸军事兼润、越等州刺史，上柱国，彭城郡王，食邑五千户，食实封一百户钱镠，朕闻：铭邓骘之勋，言垂汉典；载孔悝之德，事美鲁经。则知褒德策勋，古今一致。顷者，董昌僭伪，为昏镜水，狂谋恶贯，□染齐人。而尔披攘凶渠，荡定江表，忠以卫社稷，惠以福生灵。其机也氛祲清，其化也疲羸泰。拯于粤于涂炭之上，师无私焉；保钱塘成金汤之固，政有经矣。志奖王室，绩冠侯藩，溢于旂常，流在丹素。虽钟繇刊五熟之釜，窦宪勒燕然之山，未足顾功，抑有异数。是用锡其金板，申以誓词：长河有似带之期，泰华有如拳之日，维我念功之旨，永将延祚子孙，使卿长袭宠荣，克保富贵。卿恕九死，子孙三死，或犯常刑，有司不得加责。承我信誓，往惟钦哉。宜付史馆，颁示天下。

——钱镠铁券上的铭文

材料二

镠在杭州垂四十年，穷奢极贵。钱塘江旧日海潮逼州城，镠大庀工徒，凿石填江，又平江中罗刹石，悉起台榭，广郡郭周三十里，邑屋之繁会，江山之雕丽，实江南之胜概也，镠学书，好吟咏……镠虽季年荒恣，然自唐朝，于梁室，庄宗中兴以来，每来扬帆越海，贡奉无阙，故中朝亦以此善之。

……

自唐末乱离，海内分割，荆、湖、江、浙，各据一方，翼子贻孙，多历年所。夫如是者何也？盖值诸夏多艰，王风不竞故也。洎皇宋之抚运也，因朗、陵之肇乱，命王师以遄征，一矢不亡，二方俱服。遂使瑶琨筱簜，咸遵作贡之文；江、汉、灉、漳，尽鼓朝宗之浪。夫如是者何也？盖属大统有归，人寰允洽故也。惟钱氏之守杭、越，逾八十年，盖事大勤王之节，与荆楚、湖湘不侔矣。

——《旧五代史》

材料三

钱氏兼有两浙几百年，其人比诸国，号为怯弱，而俗喜淫侈，偷生工巧，自镠世常重敛其民以事奢僭，下至鸡鱼卵鷇，必家至而日取。每笞一人以责其负，则诸案史各持其簿列于廷，凡一簿所负，唱其多少，量为笞数，以次唱而笞之，少者犹积数十，多者至笞百余，人尤不胜其苦。又多掠得岭海商贾宝货。当五代时，常贡奉中国不绝……

盖其兴也，非有功德渐积之勤，而黥髡盗贩，倔起于王侯，而人亦乐为之传欤？考钱氏之始终，非有德泽施其一方，百年之际，虐用其人甚矣，其动于气象者，岂非其孽欤？是时四海分裂，不胜其暴，又岂皆然欤？是皆无所得而推欤？术者之言，不中者多，而中者少，而人特喜道其中者欤？

——《新五代史》

请结合自己的论点使用史料，谈谈你对钱镠如何评价。

附录

在学习与使用文物过程中，大家往往会感到文物数量很多，种类复杂，千头万绪，不知从何处入手。

目前国内的文物展览很多，许多著名的文物为大家所熟知。但是如何确定文物的价值，仍是大家都很感兴趣却又众说纷纭的话题。文物有许多价值衡量标准，比如官方的一级、二级、三级文物，又如民间俗称的"国宝"。这两者一个太专业，一个太通俗，在我们利用和学习文物时，使用起来多有不便。这里附上一份官方文件，方便大家理解文物的价值。这些文件是21世纪国家文物局印发的几批禁止出国（境）展览文物目录，由权威机构颁布，涵盖文物门类甚广，收录的基本上都是各个时期文物精品中的精品。学习和了解中国文物，可以先从这些精品入门，其效果事半功倍！

第一批64件禁止出国出境展览文物目录

序号	名称	时代	出土地点	出土时间	原藏
1	彩绘鹳鱼石斧图陶缸	新石器时代	河南省汝州市	1978年	中国历史博物馆
2	陶鹰鼎（鹰形陶鼎）	商	陕西省渭南市	1957年	中国历史博物馆
3	司母戊铜鼎（现称后母戊鼎）	商	河南省安阳市	1939年	中国历史博物馆
4	利簋	西周	陕西省西安市	1976年	中国历史博物馆
5	大盂鼎	西周	陕西省宝鸡市	清道光初年	中国历史博物馆
6	虢季子白盘	西周	陕西省宝鸡市	清道光年间	中国历史博物馆
7	凤冠	明	北京市昌平区	1957年	中国历史博物馆
8	嵌绿松石象牙杯	商	河南省安阳市	1976年	中国社会科学院考古研究所
9	晋侯苏钟（14件，自香港收购）	西周	山西省曲沃县	1992年	上海博物馆
10	大克鼎	西周	陕西省宝鸡市	1890年	上海博物馆
11	太保鼎	西周	山东省梁山	19世纪中叶	天津艺术博物馆
12	河姆渡出土朱漆碗	新石器时代	浙江省余姚市	1977年	浙江省博物馆
13	河姆渡出土陶灶	新石器时代	浙江省余姚市	1977年	浙江省博物馆
14	良渚文化玉琮王	新石器时代	浙江省杭州市	1986年	浙江省考古研究所
15	水晶杯	战国	浙江省杭州市	1990年	杭州市博物馆
16	淅川出土铜禁	春秋	河南省淅川县	1978年	河南博物院
17	新郑出土莲鹤铜方壶	春秋	河南省新郑市	1923年	河南博物院
18	齐王墓青铜方镜	汉代	山东省淄博市	1980年	山东省淄博市博物馆
19	铸客大铜鼎	战国	安徽省朱家集（今属长丰县）	1933年	安徽省博物院
20	朱然墓出土漆木屐	三国·吴	安徽省马鞍山市	1984年	马鞍山市博物馆

续表

序号	名称	时代	出土地点	出土时间	原藏
21	朱然墓出土贵族生活图漆盘	三国·吴	安徽省马鞍山市	1984年	马鞍山市博物馆
22	司马金龙墓出土漆屏	北魏	山西省大同市	1965年	大同市博物馆
23	娄睿（叡）墓鞍马出行图壁画	北齐	山西省太原市	1979年	山西省考古研究所
24	涅槃变相碑	唐	传世	传世	山西省博物院
25	常阳太尊石像	唐	传世	传世	山西省艺术博物馆
26	大玉戈	商	湖北省武汉市	1974年	湖北省博物馆
27	曾侯乙编钟	战国	湖北省随县	1978年	湖北省博物馆
28	曾侯乙墓外棺	战国	湖北省随县	1978年	湖北省博物馆
29	曾侯乙青铜尊盘	战国	湖北省随县	1978年	湖北省博物馆
30	彩漆木雕小座屏	战国	湖北省江陵县	1965年	湖北省博物馆
31	红山文化女神像	新石器时代	辽宁省凌源市	1983年	辽宁省考古研究所
32	鸭形玻璃柱（注）	北燕	辽宁省北票市	1965年	辽宁省博物馆
33	青铜神树	商	四川省广汉市	1986年	四川省考古研究所
34	三星堆出土玉边璋	商	四川省广汉市	1986年	四川省考古研究所
35	摇钱树	东汉	四川省绵阳市	1990年	绵阳市博物馆
36	铜奔马	东汉	甘肃省武威市	1969年	甘肃省博物馆
37	铜车马	秦	陕西省西安市	1980年	秦始皇兵马俑博物馆
38	墙盘	西周	陕西省宝鸡市	1976年	周原博物馆
39	淳化大鼎	西周	陕西省淳化县	1979年	淳化县博物馆
40	何尊	西周	陕西省宝鸡市	1963年	宝鸡青铜器博物院
41	茂陵石雕	西汉	陕西省咸阳市	传世	茂陵博物馆
42	大秦景教流行中国碑	唐	陕西省西安市	明天启年间	西安碑林博物馆
43	舞马衔杯仿皮囊式银壶	唐	陕西省西安市	1970年	陕西省历史博物馆
44	兽首玛瑙杯	唐	陕西省西安市	1970年	陕西省历史博物馆
45	景云铜钟	唐	传世	传世	西安碑林博物馆
46	银花双轮十二环锡杖	唐	陕西省宝鸡市	1987年	法门寺博物馆
47	八重宝函	唐	陕西省宝鸡市	1987年	法门寺博物馆

续表

序号	名称	时代	出土地点	出土时间	原藏
48	铜浮屠	唐	陕西省宝鸡市	1987年	法门寺博物馆
49	"五星出东方"护膊	汉晋	新疆维吾尔自治区民丰县	1995年	新疆区考古研究所
50	铜错金银四龙四凤方案	战国	河北省平山县	1977年	河北省文物考古研究所
51	中山王䜉铁足铜鼎	战国	河北省平山县	1977年	河北省文物考古研究所
52	刘胜金缕玉衣	汉代	河北省保定市	1968年	河北博物院
53	长信宫灯	汉代	河北省保定市	1968年	河北博物院
54	铜屏风构件5件	西汉	广东省广州市	1983年	南越王博物馆
55	角形玉杯	西汉	广东省广州市	1983年	南越王博物馆
56	人物御龙帛画	战国	湖南省长沙市	1973年	湖南省博物馆
57	龙凤帛画	战国	湖南省长沙市	1949年	湖南省博物馆
58	直裾素纱禅衣	西汉	湖南省长沙市	1972年	湖南省博物馆
59	马王堆一号墓木棺椁	西汉	湖南省长沙市	1972年	湖南省博物馆
60	马王堆一号墓T型帛画	西汉	湖南省长沙市	1972年	湖南省博物馆
61	红地云珠日天锦	北朝	青海省都兰县	1983年	青海省考古研究所
62	西夏文佛经《吉祥遍至口和本续》纸本	西夏	宁夏回族自治区贺兰县	1991年	宁夏区考古研究所
63	青花釉里红瓷仓	元	江西省景德镇市	1974年	江西省博物院
64	竹林七贤砖印模画	南朝	江苏省南京市	1960年	南京博物院

(本表据2002年1月18日国家文物局印发的《首批禁止出国(境)展览文物目录》整理。)

第二批37件禁止出国出境展览文物目录

序号	名称	时代	出土地点	出土时间	现藏
书法作品					
1	陆机《平复帖》卷	西晋	传世	传世	故宫博物院
2	王珣《伯远帖》卷	东晋	传世	传世	故宫博物院
3	冯承素摹王羲之《兰亭序》卷	唐	传世	传世	故宫博物院
4	欧阳询《仲尼梦奠帖》卷	唐	传世	传世	辽宁省博物馆
5	国诠《善见律》卷	唐	传世	传世	故宫博物院
6	怀素《苦笋帖》卷	唐	传世	传世	上海博物馆
7	杜牧《张好好诗》卷	唐	传世	传世	故宫博物院
8	唐人《摹王羲之一门书翰》卷	唐	传世	传世	辽宁省博物馆
9	杨凝式《神仙起居法帖》卷	五代	传世	传世	故宫博物院
10	林逋《自书诗》卷	北宋	传世	传世	故宫博物院
11	蔡襄《自书诗》卷	北宋	传世	传世	故宫博物院
12	文彦博《三帖卷》	北宋	传世	传世	故宫博物院
13	韩琦《行楷信札卷》	北宋	传世	传世	贵州省博物馆
14	王安石《楞严经旨要》卷	北宋	传世	传世	上海博物馆
15	黄庭坚《诸上座》卷	北宋	传世	传世	故宫博物院
16	米芾《苕溪诗》卷	北宋	传世	传世	故宫博物院
17	赵佶《草书千字文》卷	北宋	传世	传世	辽宁省博物馆
绘画作品					
18	展子虔《游春图》卷	隋	传世	传世	故宫博物院
19	韩滉《五牛图》卷	唐	传世	传世	故宫博物院
20	周昉《挥扇仕女图》卷	唐	传世	传世	故宫博物院
21	孙位《高逸图》卷	唐	传世	传世	上海博物馆
22	王齐翰《勘书图》卷	五代	传世	传世	南京大学
23	周文矩《重屏会棋图》卷	五代	传世	传世	故宫博物院
24	胡瓌《卓歇图》卷	五代	传世	传世	故宫博物院
25	顾闳中《韩熙载夜宴图》卷	五代	传世	传世	故宫博物院
26	卫贤《高士图》轴	五代	传世	传世	故宫博物院
27	董源《山口待渡图》卷	五代	传世	传世	辽宁省博物馆
28	黄筌《写生珍禽图》卷	五代	传世	传世	故宫博物院
29	王诜《渔村小雪图》卷	北宋	传世	传世	故宫博物院
30	梁师闵《芦汀密雪图》卷	北宋	传世	传世	故宫博物院

续表

序号	名称	时代	出土地点	出土时间	现藏
31	祁序《江山牧放图》(《江山放牧图》)卷	北宋	传世	传世	故宫博物院
32	李公麟《摹韦偃牧放图》卷	北宋	传世	传世	故宫博物院
33	张择端《清明上河图》卷	北宋	传世	传世	故宫博物院
34	王希孟《千里江山图》卷	北宋	传世	传世	故宫博物院
35	马和之《后赤壁赋图》卷	南宋	传世	传世	故宫博物院
36	赵伯骕《万松金阙图》卷	南宋	传世	传世	故宫博物院
37	宋人摹阎立本《步辇图》卷	宋	传世	传世	故宫博物院

(本表据2012年6月11日国家文物局发布的《第二批禁止出国(境)展览文物目录(书画类)》整理。)

第三批94件禁止出国出境展览文物目录

序号	名称	时代	出土地点	出土时间	原藏
青铜器类					
1	商子龙鼎	商	据推测为河南省辉县市	20世纪20年代	中国国家博物馆
2	商四羊方尊	商	湖南省南宁乡黄材镇月山铺	1938年	中国国家博物馆
3	商龙纹兕觥	商	山西省石楼县桃花庄	1959年	山西博物院
4	商大禾方鼎	商	湖南省南宁乡	1959年	湖南省博物馆
5	商铜立人像	商	四川省广汉市三星堆遗址2号祭祀坑	1986年	广汉三星堆博物馆
6	西周天亡簋	西周	陕西省宝鸡市	清道光年间	中国国家博物馆
7	西周伯矩鬲	西周	北京市房山区琉璃河燕国墓地251号墓	1975年	首都博物馆
8	西周晋侯鸟尊	西周	山西省曲沃县北赵村晋侯墓地114号墓	1992年	山西博物院
9	西周㝬簋	西周	陕西省扶风县法门镇齐村	1978年	周原博物馆

续表

序号	名称	时代	出土地点	出土时间	原藏
10	西周逨盘	西周	陕西省眉县杨家村窖藏	2003年	宝鸡青铜器博物院
11	春秋越王勾践剑	春秋	湖北省江陵县望山楚墓	1965年	湖北省博物馆
12	战国商鞅方升	战国	不详	不详	上海博物馆
13	战国错金银镶嵌丝网套铜壶	战国	江苏省盱眙县南窑庄	1982年	南京博物院
14	西汉诅盟场面贮贝器	西汉	云南省昆明市晋宁区石寨山	1955—1960年	中国国家博物馆
15	西汉彩绘人物车马镜	西汉	陕西省西安市红庙坡	1963年	西安博物院
16	西汉杀人祭柱场面贮贝器	西汉	云南省昆明市晋宁区石寨山	1956—1957年	云南省博物馆
陶瓷类					
17	新石器时代仰韶文化彩陶人面鱼纹盆	新石器时代	陕西省西安市半坡遗址	1955年	中国国家博物馆
18	新石器时代马家窑文化彩陶舞蹈纹盆	新石器时代	青海省大通回族土族自治县上孙家寨	1973年	中国国家博物馆
19	新石器时代马家窑文化彩陶贴塑人纹双系壶	新石器时代	青海省海东市乐都区柳湾墓葬	1974年	中国国家博物馆
20	新石器时代仰韶文化彩陶网纹船形壶	新石器时代	陕西省宝鸡市北首岭遗址	1958年	中国国家博物馆
21	新石器时代龙山文化彩绘蟠龙纹陶盘	新石器时代	山西省襄汾县陶寺遗址第3072号墓	1980年	中国社会科学院考古研究所
22	新石器时代仰韶文化彩陶人形双系瓶	新石器时代	甘肃省秦安县邵店村大地湾	1973年	甘肃省博物馆
23	新石器时代大汶口文化彩陶八角星纹豆	新石器时代	山东省泰安市大汶口遗址	1974年	山东省文物考古研究所

续表

序号	名称	时代	出土地点	出土时间	原藏
24	吴"永安三年"款青釉堆塑谷仓罐	三国·吴	浙江省绍兴市	1935年	故宫博物院
25	吴"赤乌十四年"款青釉虎子	三国·吴	江苏省南京市赵士岗吴墓	1955年	中国国家博物馆
26	吴青釉褐彩羽人纹双系壶	三国·吴	江苏省南京市雨花区	1983年	南京市博物馆
27	西晋青釉神兽尊	西晋	江苏省宜兴市周处家族墓	1976年	南京博物院
28	北齐青釉仰覆莲花尊	北齐	河北省景县封氏墓群	1948年	中国国家博物馆
29	北齐白釉绿彩长颈瓶	北齐	河南省安阳市范粹墓	1971年	河南博物院
30	隋白釉龙柄双联传瓶	隋	不详	不详	天津博物馆
31	唐青釉凤首龙柄壶	唐	不详	不详	故宫博物院
32	唐鲁山窑黑釉蓝斑腰鼓	唐	不详	不详	故宫博物院
33	唐陶骆驼载乐舞三彩俑	唐	陕西省西安市鲜于庭海（诲）墓	1957年	中国国家博物馆
34	唐长沙窑青釉褐蓝彩双系罐	唐	江苏省扬州市石塔路	1974年	扬州博物馆
35	唐越窑青釉褐彩云纹五足炉	唐	浙江省杭州市临安区水邱氏墓	1980年	临安区文物馆
36	唐长沙窑青釉褐彩贴花人物纹壶	唐	湖南省衡阳市	1973年	湖南省博物馆
37	唐三彩骆驼载乐俑	唐	陕西省西安市中堡村唐墓	1959年	陕西历史博物馆
38	五代耀州窑摩羯形水盂	五代	辽宁省北票市水泉辽墓	1971年	辽宁省博物馆
39	五代越窑莲花式托盏	五代	江苏省苏州市虎丘云岩寺塔	1956年	苏州博物馆
40	五代耀州窑青釉刻花提梁倒流壶	五代	陕西省彬州市（原邠县）	1968年	陕西历史博物馆

续表

序号	名称	时代	出土地点	出土时间	原藏
41	北宋汝窑天青釉弦纹樽	北宋	传世	传世	故宫博物院
42	北宋官窑弦纹瓶	北宋	传世	传世	故宫博物院
43	北宋钧窑月白釉出戟尊	北宋	传世	传世	故宫博物院
44	北宋定窑白釉刻莲花瓣纹龙首净瓶	北宋	河北省定州市净众院塔基地宫	1969年	定州市博物馆
45	北宋官窑贯耳尊	北宋	传世	传世	吉林省博物院
46	宋登封窑珍珠地划花虎豹纹瓶	宋	传世	传世	故宫博物院
47	元青花萧何月下追韩信图梅瓶	元	江苏省南京市观音山沐英墓	1950年	南京市博物馆
48	元蓝釉白龙纹梅瓶	元	不详	不详	扬州博物馆
玉器类					
49	新石器时代红山文化玉龙	新石器时代	内蒙古自治区翁牛特旗	1971年	中国国家博物馆
50	新石器时代良渚文化神人兽面纹玉钺	新石器时代	浙江省杭州市余杭区反山12号墓	1986年	浙江省博物馆
51	夏七孔玉刀	夏	河南省偃师市二里头遗址	1975年	洛阳博物馆
52	西周晋侯夫人组玉佩	西周	山西省曲沃县M63墓（晋穆侯次夫人墓）	1992年	山西博物院
53	战国多节活环套练玉佩	战国	湖北省随县曾侯乙墓	1978年	湖北省博物馆
54	西汉"皇后之玺"玉玺	西汉	陕西省咸阳市汉高祖长陵附近	1968年	陕西历史博物馆
55	东汉镂雕东王公西王母纹玉座屏	东汉	河北省定州市中山穆王刘畅墓	1969年	定州市博物馆
56	西晋神兽纹玉樽	西晋	湖南省安乡县西晋刘弘墓	1991年	湖南省博物馆

续表

序号	名称	时代	出土地点	出土时间	原藏
57	元"统领释教大元国师之印"龙钮玉印	元	传世	传世	西藏博物馆
杂项类					
58	商太阳神鸟金箔片	商	四川省成都市金沙遗址	2001年	成都金沙遗址博物馆
59	商金杖	商	四川省广汉市三星堆遗址	1986年	广汉三星堆博物馆
60	战国包金镶玉嵌琉璃银带钩	战国	河南省辉县市固围村5号战国墓	1951年	中国国家博物馆
61	西汉"滇王之印"金印	西汉	云南省昆明市晋宁区石寨山古墓群	1956年	中国国家博物馆
62	西汉错金银镶松石狩猎纹铜伞铤	西汉	河北省定州市三盘山	1965年	河北省文物研究所
63	唐龟负论语玉烛酒筹鎏金银筒	唐	江苏省镇江市丹徒区丁卯桥唐代窖藏	1982年	镇江博物馆
64	战国彩绘乐舞图鸳鸯形漆盒	战国	湖北省随县曾侯乙墓	1978年	湖北省博物馆
65	西汉识文彩绘盝顶长方形漆奁	西汉	湖南省长沙市马王堆3号墓	1973年	湖南省博物馆
66	西汉黑漆朱绘六博具	西汉	湖南省长沙市马王堆3号墓	1973年	湖南省博物馆
67	吴彩绘季札挂剑图漆盘	三国·吴	安徽省马鞍山市朱然墓	1984年	安徽省文物考古研究所
68	吴皮胎犀皮漆鎏金铜扣耳杯（2件）	三国·吴	安徽省马鞍山市朱然墓	1984年	安徽省文物考古研究所
69	北宋木雕真珠舍利宝幢（含木函）	北宋	江苏省苏州市瑞光寺塔	1978年	苏州博物馆
70	新石器时代大汶口文化象牙梳	新石器时代	山东省泰安市大汶口遗址	1959年	山东省博物馆

续表

序号	名称	时代	出土地点	出土时间	原藏
71	新石器时代河姆渡文化双鸟朝阳纹象牙雕刻器	新石器时代	浙江省余姚市河姆渡遗址	1977年	浙江省博物馆
72	隋绿玻璃盖罐	隋	陕西省西安市李静训墓	1957年	中国国家博物馆
73	隋绿玻璃小瓶	隋	陕西省西安市李静训墓	1957年	中国国家博物馆
74	汉红地对人兽树纹罽袍	汉	新疆维吾尔自治区尉犁县营盘遗址墓地	1995年	新疆维吾尔自治区文物考古研究所
75	北魏刺绣佛像供养人	北魏	甘肃省敦煌市莫高窟	1965年	敦煌研究院
76	北朝方格兽纹锦	北朝	新疆维吾尔自治区吐鲁番市阿斯塔那北区99号墓	1968年	新疆维吾尔自治区博物馆
77	北宋灵鹫纹锦袍	北宋	新疆维吾尔自治区阿拉尔市	1953年	故宫博物院
78	战国石鼓（1组10只）	战国	传世	传世	故宫博物院
79	唐昭陵六骏石刻（什伐赤、白蹄乌、特勒骠、青骓4幅）	唐	传世	传世	西安碑林博物馆
80	宋拓西岳华山庙碑册（华阴本）	宋	传世	传世	故宫博物院
81	明曹全碑初拓本（"因"字不损本）	明	传世	传世	上海博物馆
82	唐写本王仁煦《刊谬补缺切韵》	唐	传世	传世	故宫博物院
83	北宋刻开宝藏本《阿惟越致经》（1卷）	北宋	传世	传世	中国国家图书馆

续表

序号	名称	时代	出土地点	出土时间	原藏
84	北宋刻本《范仲淹文集》（30卷）	北宋	传世	传世	中国国家图书馆
85	唐章怀太子墓壁画马球图（1组）	唐	陕西省乾县	1971—1972年	陕西历史博物馆
86	唐章怀太子墓壁画狩猎出行图（1组）	唐	陕西省乾县	1971—1972年	陕西历史博物馆
87	唐懿德太子墓壁画阙楼图（1组）	唐	陕西省乾县	1971年	陕西历史博物馆
88	唐永泰公主墓壁画宫女图（1组）	唐	陕西省乾县	1960—1962年	陕西历史博物馆
89	战国简《金縢》	战国	不详	不详	清华大学
90	战国郭店楚简《老子（甲、乙、丙）》	战国	湖北省荆门市郭店楚墓	1993年	荆门市博物馆
91	战国楚简《孔子诗论》	战国	不详	不详	上海博物馆
92	秦云梦睡虎地秦简《语书》	秦	湖北省云梦县睡虎地秦墓	1975年	湖北省博物馆
93	秦简《数》	秦	不详	不详	湖南大学
94	西汉马王堆汉墓帛书《周易》	西汉	湖南省长沙市马王堆汉墓	1973年	湖南省博物馆

（本表据2013年8月19日国家文物局发布的《第三批禁止出国（境）展览文物目录》整理。）

参考文献

论文

1. 黄涌泉，王士伦.五代吴越文物——铁券与投龙简[J].文物，1956（12）.
2. 刘志远.成都天回山崖墓清理记[J].考古学报，1958（1）.
3. 李蔚然.南京西善桥六朝墓的清理[J].考古通讯，1958（4）.
4. 黄天钟.关于钱镠铁券流传问题的补充[J].文物，1959（4）.
5. 于省吾."鄂君启节"考释[J].考古，1963（8）.
6. 甘肃省博物馆.武威雷台汉墓[J].考古学报，1974（2）.
7. 尤振克.江苏丹阳县胡桥、建山两座南朝墓葬[J].文物，1980（2）.
8. 陈直.汉代的马政[J].西北大学学报（哲学社会科学版），1981（3）.
9. 山西省考古研究所，太原市文物管理委员会.太原市北齐娄叡墓发掘简报[J].文物，1983（10）.
10. 孙守道，郭大顺.论辽河流域的原始文明与龙的起源[J].文物，1984（6）.
11. 梁星彭.试论陕西庙底沟二期文化[J].考古学报，1987（4）.
12. 石荣.东汉说唱俑[J].四川文物，1991（5）.
13. 罗新，田建文.庙底沟二期文化研究[J].文物季刊，1994（2）.
14. 宋涛.我国古代的养马业[J].甘肃社会科学，1994（5）.
15. 索全星.河南焦作白庄6号东汉墓[J].考古，1995（5）.
16. 韩金科，卢建国.扶风法门寺塔基出土秘瓷的意义及其相关问题[J].文博，1995（6）.
17. 禚振西，韩伟，韩金科.法门寺出土唐代秘色瓷初探[J].文博，1995（6）.
18. 纪达凯，刘劲松.江苏东海县尹湾汉墓群发掘简报[J].文物，1996（8）.
19. 滕昭宗.尹湾汉墓简牍概述[J].文物，1996（8）.

20. 冯贺军.唐朝皇帝与铁券颁赐[J].紫禁城,1997(4).

21. 李玲玲."竹林七贤及荣启期"砖印壁画简论[J].东南文化,1997(4).

22. 张万钟.鹰鼎出土追记[J].中国历史博物馆馆刊,1998(2).

23. 谢桂华.沉睡了两千余年的政府档案——《尹湾汉墓简牍》[J].文史知识,1998(3).

24. 朱绍侯.《尹湾汉墓简牍》是东海郡非常时期的档案资料[J].史学月刊,1999(3).

25. 王铭.《唐昭宗赐钱镠铁券》研究[J].浙江档案,2002(5).

26. 杨小英.《鄂君启节》所见楚史三题研究[J].江汉论坛,2004(4).

27. 韦正.南京西善桥宫山"竹林七贤"壁画墓的时代[J].文物,2005(4).

28. 李若晴.升仙之路:试谈"竹林七贤与荣启期"画像砖的图像内涵[J].美术学报,2006(1).

29. 吴杏全.满城汉墓出土之灯具研究[J].文物春秋,2009(1).

30. 涂师平.中国滑稽戏的鼻祖——东汉"击鼓说唱俑"鉴赏[J].宁波通讯,2010(11).

31. 洪海安.唐代颁赐铁券问题研究[J].陕西师范大学学报(哲学社会科学版),2010(5).

32. 何兆龙.关市之征与鄂君启节[J].经济研究参考,2012(4).

33. 郑先兴.论汉代民间的马信仰[J].宁夏师范学院学报,2012(1).

34. 王丰.从《七贤与荣启期》画像看魏晋风度的理想与现实[J].大众文艺,2013(4).

35. 邹乐,彭赞宾.从"汉代击鼓说唱俑"管窥汉代民俗与历史价值[J].兰台世界,2014(33).

36. 杨亚长.试论华县太平庄鹰鼎的年代问题[J].文博,2015(2).

37. 许永杰.再审半坡文化和庙底沟文化的年代关系——以叠压打破和共存关系为视角[J].考古,2015(3).

38. 赵婧.法门寺出土秘色瓷之"秘色"涵义再认识[J].中国陶瓷,2016(3).

39. 麻赛萍.汉代灯具研究[D].上海:复旦大学,2012.

专著

1. 陶宗仪.南村辍耕录[M].北京:中华书局,1959.

2. 司马光.资治通鉴[M].北京:中华书局,1976.

3. 文物编辑委员会.文物考古工作三十年1949—1979[M].北京:文物出版社,1979.

4. 中国社会科学院考古研究所,河北省文物管理处.满城汉墓发掘报告[M].北京:文物出版社,1980.

5. 章学诚.文史通义校注[M].叶瑛,校注.北京:中华书局,1985.

6. 《中国大百科全书》总编辑委员会.中国大百科全书:考古学[M].北京:中国大百科全书出版社,1986.

7. 韩金科.法门寺文集[M].宝鸡:法门寺博物馆研究室,1990.

8. 《中国大百科全书》总编辑委员会.中国大百科全书:文物、博物馆[M].北京:中国大百科全书出版社,1993.

9. 辽宁省文物考古研究所.牛河梁红山文化遗址与玉器精粹[M].北京:文物出版社,1997.

10. 连云港市博物馆,等.尹湾汉墓简牍[M].北京:中华书局,1997.

11. 冯先铭.中国陶瓷(修订本)[M].上海:上海古籍出版社,2001.

12. 张星德.红山文化研究[M].北京:中国社会科学出版社,2005.

13. 梁启超.中国历史研究法[M].上海:上海古籍出版社,1987.

14. 朱筱新.文物讲读历史[M].北京:学苑出版社,2006.

15. 陕西省考古研究院,法门寺博物馆,等.法门寺考古发掘报告[M].北京:文物出版社,2007.

16. 陕西省考古研究院,渭南市文物旅游局,华县文物旅游局.华县泉护村——1997年考古发掘报告[M].北京:文物出版社,2014.

17. 宫福清,等.红山文化论著粹编 玉器研究卷[M].大连:辽宁师范大学出版社,2015.

18. 临海市博物馆.钱王铁券摹册[M].杭州：浙江人民美术出版社，2017.

19. （明）王佐.新增格古要论[M].杭州：浙江人民美术出版社，2011.

后 记

写完最后一个字，我感觉终于战胜了自己，没想到自己竟然能够完成这部书稿。在写作过程中，我总是觉得写得仍不够好，改了若干遍，还是感觉没能准确地表达出我的想法。好在最终这部书稿还是得以付梓。

在本书完成与出版的过程中，我得到许多人的帮助。在此感谢北京教育学院的各位领导，尤其是吴欣歆教授。他们的勉励与支持使我勇于表达拙见。中国人民大学附属中学的李晓风老师不仅对我多加勉励，还在百忙中审阅并帮助我完善了书稿。华文出版社的编辑老师更是认真负责，千方百计玉成此事。

在写作的过程中，为了尽可能不打断读者阅读的连贯性，也为减轻读者的阅读障碍，文中引用的资料我没有随文附注，而是在参考文献中列出，在此谨向这些文献的作者表示感谢。在本书写作中，我对李仁忠、刘勇、戴金阁、贺争光等老师的教学实践成果多有借鉴，这里一并表示感谢。

中国的文物数量众多，我只是根据自己的见解选取了一些做介绍，难免会顾此失彼，书中的缺憾与不足，有待大家指正。以后如果还有时间和精力，我会再收集整理一些文物教学案例，收集的案例将侧重于世界史方面，以便更好地配合中学的历史教学。

另外，对于一些涉及学术争鸣的问题，目前本人也无法妥善处置，暂时只好择一而从，但仍保留其他说法待查。希望将来研究深入后能找到更好的解决办法。

初生之物，其形必丑！这本书的写作，若能将文物在历史教学中的应用研究往前推进一小步，我便完成了任务、满足了心愿，因此不揣浅陋，敬请方家指教。

程 张

2018年5月

补　记

这是程张写的第一本书，没想到却成了他的遗作。

程张的爱人戴老师要我为此书写一个后记，我迟疑了一下，就痛快地答应了。迟疑是因为我于历史是门外汉，没有资格对它置喙；痛快是因为没有人比我更了解这本书的作者。

2005年冬天，我当西藏教师培训班的班主任，带着一群学员去故宫做文化考察。讲解员就是历史系的朱筱新和程张两位老师。

去之前我就听说，程张讲故宫有野史风格，与朱老师形成鲜明对比。朱老师是老派学者，讲三大殿，一本正经地介绍明清的建筑和礼制；而当年程张三十有四，讲后三宫，口中是说不尽的宫闱秘事。我后来想，这显示的不仅仅是风格的差异，也是史观的分歧。走到军机处，程张告诉我们，别看不起这几间不起眼的小房子，皇权政治的最高象征是三大殿，但其实军机处才是真正的权力中心，这段话对我震动极大。我想起鲁迅的观点：治学要先治史。而治史时应重视野史，因为野史里也有真正的历史。

程张对故宫的典故文物极为熟悉，如数家珍，讲话又风趣幽默，旁边的旅游团本来有自己的导游，最后却都跟着他走了。只记得经过乾清门时，他说："再往里，就只有一个男人能进来了。"原来除了皇帝本人，只有妃嫔、宫女和太监能进入，他讲得如此生动，让人忍俊不禁。

历史在他的口中是鲜活的。因为他关注的是活生生的历史，他注重历史的现场感，这决定了他必然会对文物产生浓厚的兴趣。今人谈历史研究，总爱提王国维的"二重证据法"，即将传世文献材料与考古发掘得到的新材料相结合。而程张则指出，如梁启超那样把史料分为文字史料和非文字史料，或许更为合理。如果让程张自己来总结，我相信他会这样说：史料分为文献史料和文物史料。程张在收集、研究文物上花费了大量的时间、精力和金钱，他的办公桌就像一个小仓库，摆满了他的宝贝，别人看起来土里土气，听他一说才知道学问大着呢。

程张是搞历史教师培训的。中国的历史教学，因为侧重于文献之学，往往显得枯燥无趣。程张对文物史料的超常关注，使他的历史教学与众不同，形成了鲜明的个人风格。他善于把文献史料放到文物史料的情境之中使用，一块块不起眼的秦砖汉瓦，在他眼中却是吉光片羽，稍加点染，便是一部活灵活现的历史。所以，他的课总是大受欢迎，这也成就了他与戴老师的一段姻缘。这本书就是文物研究和历史教学相结合的成果，相信它对更新读者的历史观念，弥补当前历史教育的不足，将有重要的参考意义。

本书分上、下两编，上编是文物教学的通论，呈现的是作者对文物与历史关系的感悟，以及历史教学的经验之谈；下编通过对十个文物的解读，大体贯通了从史前到晚唐的一段历史。对每件文物，程张都是先讲述其发掘经过和形制特点，再分析它背后的史学意义，最后才写教学应用指南。这本书是写给历史教师的，历史教师自然可以从中获得专业学识，但它的价值又不止于此，普通的历史文物爱好者也会发现它的可读性。本书解读的第一个案例是红山玉龙，我是赤峰人，读了他的书后，对家乡出土的那件文物才有了全面深入的了解。

程张曾感叹，自己不善创作纸上的文章，但这与其说是他的短处，不如说是他的长处——历史本来就不应该是纸上的学问。我们都生活在历史之中，也终将变成历史；当下的生活是如何生动可感，过去的历史就曾经如何生动可感。善讲史者，能够把这种生动可感呈现出来。程张是以生动的口语来写作的，读其书如闻其声，如见其人，有如听他聊天，终日而不倦。

我与程张相识整整十五年，原来在不同的部门，后来分到一个办公室，坐对桌，低头不见抬头见。彼此接触越来越深，因为太熟悉而毫无忌讳，没事就互相"开涮"，别人戏称我俩是"相爱相杀"。他为人和善，却因太了解中国式的人情世故，往往把人际关系看得很复杂。我则从心底反感这些东西，所以每每抨击他是阴谋论。有时他恼了，有时我恼了，过两天又好了。后来我慢慢明白，他是对的。我辈书生于复杂的人事留个心眼并不过分，而我又何尝没有吃过亏。他提醒过我这方面的问题，我却总记不住。其实我应该让他知道，与其说我"怼"的是他，不如说我"怼"的是一个延续不绝的历史传统，甚至只是在抗拒异化了的我自己。

程张有收藏癖，我经常把自己不想要的书送给他。每次我都会说："你不用谢我，我是当垃圾处理的，因为你是拾荒爱好者。"哪儿想到他会突然离去，我送的书还在他桌上，那个座位却永远地空了。震惊伤痛之余，真后悔平时有话不好好说。在我的生活中，除他之外再没有另一个人可以与我走得这样近：高兴了，就交换隐私；不高兴，就互相打击。庄子过惠子之墓，回头对从者说："自夫子之死也，吾无以为质矣，吾无与言之矣。"现在我才慢慢想明白，我再也不会有这样的朋友了，思之令人心酸。

从他去世那天起，我在一个月的时间里，读了三十遍《地藏经》，愿以此送他一程。如今，他的书要出版了，一本书也有它的生命，会在读者的阅读中延续下去，愿这篇后记的微光，能照亮这本书的生命之路。

张学君
2020年7月5日夜